カモシカ脚の子どもたち

「あおぞらえん」からのメッセージ

宮原洋一

新評論

LITTLE BEAR
FILA

まえがき

二〇〇八年四月一一日、祖師谷公園のすぐそばにある上祖師谷ぱる児童館の一室で「あおぞらえん」の入園式があった。今年、「年少」に入園した子どもは三名だ。親子で前に出て自己紹介をしたあと、一人ひとりにのっぺらぼうの「てるてる坊主」が手わたされた。家に持ち帰って、自分で目と鼻を書いてリュックに結びつける。進級する子どもにも毎年わたされるので、「年長」になると「てるてる坊主」が三つリュックにぶらさがることになる。

この日に発行された園だよりの〈あおぞら〉には、「どんなに世の中が忙しくても私たちはゆっくり、のんびり子どもたちに向かい合っていこうと思います。子どもたちの声に耳を傾け、前向きに、笑顔で」と書かれていた。いよいよ、明日から「あおぞらえん」での生活がはじまることになる。

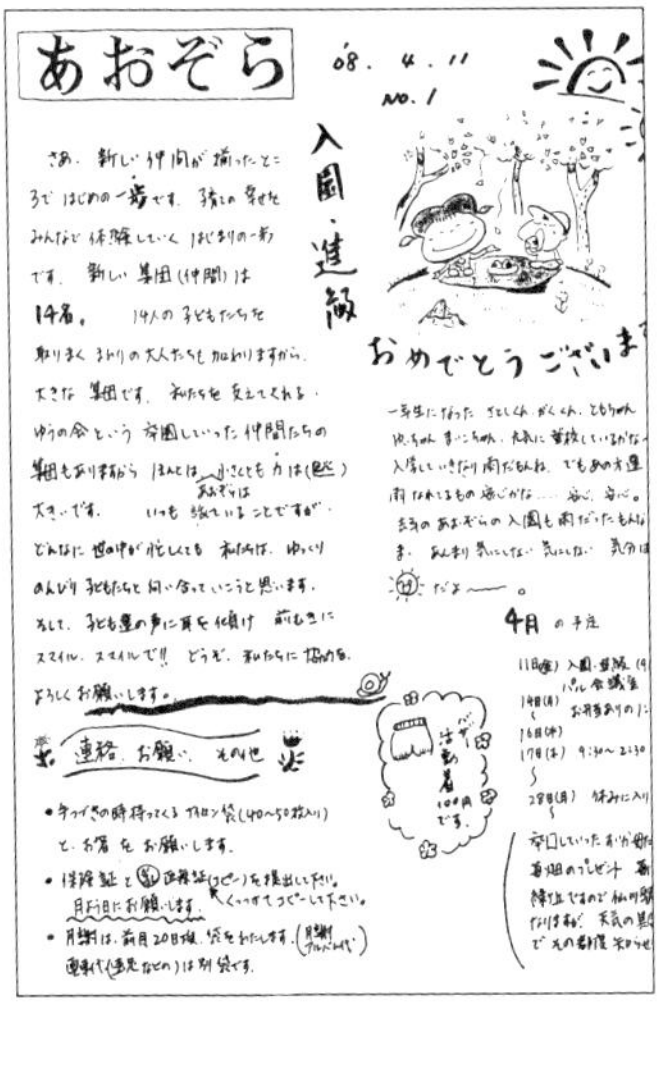

「あおぞらえん」と出会ってから三年ほどが経過した。「あおぞらえん」は、二人の幼稚園教諭と保護者によって運営されている保育集団で、週五日、朝九時半から午後二時半まで都立祖師谷公園を拠点として活動している。毎回、行ってみなければその日がどのように展開するのかが分からないところが魅力的である。もちろん、あらかじめ決められた活動のある日もあるのだが、朝からはじまる子どもたちの遊びを軸としてその日の保育が展開していくから、いかんせん行ってみなければ分からないのだ。

一九八七年に創設して以来、二二年間、この「あおぞらえん」には園舎がない。正確には、「持ちたくても持てなかった」と言ったほうがいいだろう。しかし、それゆえに公園や街を「園舎・園庭」として活用し、ユニークな保育

●空橋　因《もと》さん

山形県で生まれ、小学生時代から東京都目黒区自由が丘育ち。

因さんが子ども時代を過ごした当時の自由が丘は、畑や小川があり、子どもたちの遊び場がたくさんあった。桜の並木もあり、花びらでネックレスをつくって遊んだという。

子どもの頃の因さんは、典型的な内弁慶。無口ではずかしがりやで遊びの輪に自分からは入っていけない子どもだった。一人で、毛糸で編み物をするのが好きで、何事にも几帳面な性格だった。

そんな子ども時代を過ごしたことからか、自分をどう表現していいのか分からないでいる子どもがいると声を掛けたくなると言う。そして、そのような子どもが自分から何かしようとしているときに、それを認める存在としていられることがうれしくて保育者の仕事を続けてきた。

方法を生みだすことになった。三年保育を基本としており、園児の数は多い年で二〇名前後で、二〇〇八年度は一四名の園児が毎日元気に通ってきている。

子どもたちは、お弁当と雨具と着替えが入ったリュックを背負って登園してくる。ほかに、週二日ほどやって来る二歳児も毎年数名いる。

この「あおぞらえん」の指導者である空橋因さんと長沢えみ子さんは、かつてある私立幼稚園に勤めていた。そこで二人は、子どもたちを自然のなかでたっぷりと遊ばせることが何よりも重要だと考えて、木登りをさせたり、泥遊びをさせたりとかなり自由奔放な保育をしていたらしく、園長とも意見の衝突が多かったようだ。この二人のことを子どもたちは、「もとちゃん」、「えみちゃん」と呼んでいる。

●長沢えみ子さん

島根県生まれ。子ども時代は野山で遊び暮らした。スカンポ、スグリ、グミ、アケビ、ヤマボウシと野のおやつを食べて育つ。何にでも興味をもち、「虹の向こうには宝物がある」と聞くと、虹を追いかけてどこまでも行ってしまうような子どもだったという。

現代の保育において必要なことは、「子どもを自然の中でのんびりと自由に遊ばせる」ことだと確信している。何故なら、「のんびり」とした時間の流れのなかでこそ、子どもも保育者も親たちも自分を見つけられるからだ。若い頃は、自分が思うことをストレートに親に話してきたが、今では親たちにも様々な状況があり、まずはそのことをよく分かることが大切だと思っている。子どもの無邪気なところが大好きで、それが日々仕事を続けていけるエネルギー源でもあると言う。

勤めていた幼稚園が一九八七年に少子化の影響を受けて廃園になり、二人ともそれぞれ別の幼稚園に移ることになった。ところが、一人の園児の母親が訪ねてきて、「何とか引き続き我が子をお願いできないか」と二人に懇願したのだ。初めはとても無理な話だと思っていたが、その母親の熱心さに心を動かされた二人は、「無謀にも」調布市仙川にあるアパートの一室を「空橋先生が未亡人」という触れ込みで借りて、四人の子どもとともに「あおぞらえん」を開設したのだ。もちろんそれで生活ができるわけではないので、それぞれご主人を何とか説得して協力を取り付けたそうだ。

アパートの一室だから、隣の住人に気を遣わなければならない。必然的に、雨の日以外は外で過ごすことが多くなった。近くの公園に出かけたり、街をあちこち歩いて草花を見て回ったりするうちに、子どもの数が年々増えていって一〇名を超すようになってしまった。そうなると、アパートの一室には入り切らないし、時を同じくして「未亡人」という触れ込みも口実だと分かって大家さんからは立ち退きを求められてしまった。

しかし、これで落ち込まないところがこの二人のすごいところ。これをきっかけとして、思い切って「園舎」のイメージは断ち切って野外で保育をすることにしたのだ。と同時に、二人には野外や街のなかでの保育のあり方について積極的に追求していきたいという思いが込みあげてきた。というのも、野外での保育には、かつて働いていたときの幼稚園よりも生きいきと過ごす子どもたちの姿があるだけでなく、子どもたちの身心の発達にもめざましいものがあったからだ。

ある園児のお父さんが、祖師谷公園の近くに都市ガスが引かれていない安いアパートを見つけてくれた。狭く、不便だったが、公園に近いのが何よりの魅力だった。それ以来、この部屋はさまざまな道具を置く場所であったり、電話連絡ができる場所であったり、保育のために使う材料を準備する場所となり、事務所兼職員室兼準備室となった。

「あおぞらえん」では、祖師谷公園にある藤棚の前に広がる草地のことを「あおぞら広場」と呼んでいる。原則として保護者がそこへ子どもを連れてくるのだが、午前九時半までに、お弁当、雨具、着替えの一式が入ったリュックを背負って藤棚の下に集まることになっている。風邪ひきなどの事情がなければ、ここでブルマーに着替える。今時ブルマーをはいている子どもなど珍しいので「なぜか？」と質問

●祖師谷公園

東京都世田谷区上祖師谷3、4丁目にまたがる旧教育大学農場跡地を中心とした約10ヘクタールの都立の公園。公園内を仙川が流れ、児童公園、湧水池、テニスコート、林、なだらかな傾斜地に広がる原っぱがある。この原っぱを、「あおぞらえん」では「あおぞら広場」と呼んでいる。公園内には、ケヤキ、コナラ、クヌギ、ハナミズキ、サクラなどの高木が400本、ツツジなどの低木が1,600株ほどあり、緑が豊かである。また、ザリガニなどもいる湧水池もあり、子どもたちにとって格好の遊び場である。小田急線成城学園駅と京王線千歳烏山駅からバスの便があり、「祖師谷国際交流会館前」下車、徒歩1分。

してみたところ、「一番機能的だから」という答えが返ってきた。

祖師谷公園には、ゆるやかなスロープになっている草地、コナラやクヌギなどの木々が茂る雑木林、園内を流れる仙川、そして小川や池、遊具や砂場があって、子どもたちが遊ぶ場所としてはよい所である。祖師谷公園のもつこの自然環境が、「あおぞらえん」の保育を支えていることはまちがいない。子どもたちは、基本的には一日中この公園のなかで遊んで過ごしている。

雨の日はどうするかというと、さすがにいろいろな工夫がされている。まず、公園に隣接した児童館の玄関先に集まる。児童館の部屋が使えるときはそこを利用し、使えないときは、隣接するマンションの集会室を有料で借りてそこで過ごしている。本を読んでもらったり絵を描いたりと、お天気の日とはひと味違う過ごし方をしている。では、小雨の日はどうしているのかというと、雨合《あまがっ》羽《ぱ》を着て公園内や近くの遊び場に散歩に出かけたりしている。雨が落ちてこないシイの木の下へ行って木登りに挑戦してみたり、天気のよい日には見られないような草花の様子を観察している。

園舎のない「あおぞらえん」の活動場所は、この祖師谷公園だけではない。街なかも「園庭」として活用している。祖師谷公園を拠点として、近くの公園や仙川沿いの遊歩道、そして借りている区民農園にもよく出かける。少し遠い公園に行くときは、京王線の仙川駅に集合してみんなで遠足のごとく出かけている。行く先の公園はどれも特徴のある所ばかりだ。たとえば、崖登りができたり、キイチゴがなっていたり、ザリガニ採りができたり、ドングリがたくさん落ちていたりと、季節感の豊かな所ばかりである。夏には、府中市にある「郷土の森博物館」の水遊び場や、立川市にある「昭和記念公園」の水遊び場まで出かけている。

二人の保育者が長年にわたって蓄積してきた遊び場の情報をフルに活用して、その時々の子どもの保育に適した場所に出かけているのだ。目的の場所に行く途中で、花や木、虫、犬、猫、そして街の人たち、園庭のなかだけでは到底ありえないようなさまざまな出会いがあり、子どもたちは五感をフルに働かせることになる。

子どもの遊びをテーマとして写真を撮り続けてきた私が「あおぞらえん」と出会った当初は、公園のなかで走り回っていたり、どろ団子づくりに熱中していたりする、近ごろではあまり見かけない子どもたちの姿を撮影できるだけでうれしかった。それはとても魅力的だったが、時間とともに「あおぞらえん」の保育そのものにも関心が向くようになっていった。というのも、そこにはまさに地に足が着いた「育ち」の姿が見られ、子どもたちは、幼児期の発達課題をゆっくりではあるが着実に身につけていたからだ。

現代の日本では、幼児期からさまざまな「教育」が花盛りとなっているが、果たしてそれが本当に子どもたちの「生きる力」に結びついていくものなのかどうかは大変疑わしい。なぜなら、それらの多くが大人たちのつくったプログラムに従って子どもが活動させられているからである。まちがいなく言えることは、そこでは子ども自らが活動を生みだしていく主人公になっていないということである。

一方「遊び」を主体とした保育では、子どもたち自らがその活動にポジティブにかかわることになり、五感が生きいきと働くことによって身体だけでなく大脳までもが活性化する。それゆえ、「遊び」で感得したことは確実に生きる力として蓄積されていくのだ。それに、「外遊び」には、跳ぶ、走る、這う、登る、揺らす、押す、起きる、ぶら下がる、渡るなどの多くの基本動作が含まれており、外遊びをすることで自然にそれらの身のこなしを体得していくことになる。

本書では、仲間との「外遊び」を基本とした保育がどのような子どもの発達を生みだしているのか、三年余にわたって「あおぞらえん」の保育を記録した写真とともに明らかにしていきたいと思う。子どもたちが活動するさまざまな場面、そこで展開される活動の様子をほぼ季節ごとに記していった。本書を読んでいただくことで、一般の園とは環境も違い、組織形態も違うが、それぞれの幼稚園や保育園、そして家庭において保育のあり方を考えるときに少しでも役に立つことができればと思っている。

なお、文中の園児名については敬称を省略させていただいた。

もくじ

12

13　もくじ

カモシカ脚の子どもたち——「あおぞらえん」からのメッセージ

あおぞらの木

あおぞら広場には、「あおぞらえん」とともに成長してきた一本のコナラ（ドングリ）の木がある。幼木のときから子どもたちが木登りをしていたためか、コナラにしてはずんぐりとしている。子どもたちにとってはまるで友達のような木で、毎日のように木登りをしたり、その下で遊んだりしている。

木登りには、勇気とコツを身につけることが必要だ。「あおぞらえん」の子どもたちも、「年少」のころはもっぱら先輩たちが登るのを見て、それをまねするかのように木にかじりついてみたりしているが、「年中」になると、一番下の枝に何とかたどり着けるようになる。そこから上へは枝振りを考えて一枝一枝登っていくわけだが、どの枝を選ぶのかは自分で決断し、一枝ごとに高くなっていく恐怖感を克服していかねばならない。さらに、下りるときは足場が見えないこともあるので、「行きはよいよい帰りは怖い」になりかねない。まさに、登るのも一人、下りるのも一人だ。

失敗して落ちれば「ただではすまない」こともよく分かっている。だから、「あおぞらえん」の子どもたちは決して無理をしない。何度も何度も、自分が行けるところまで行っては引き返してくる。そんなことを何か月も繰り返しているうちに、ある日突然、さらに上に行けるという自信と勇気が不思議と湧いてくる。その決断と努力の先に、風に吹かれて木の上から広場を眺めわたすという喜びが待っている。

木登りは全身を使うので、さまざまな部位の筋肉を発達させることになる。また、登ったが最後誰の助けもないので、言うまでもなく勇気と決断力を育むことになる。さらに、ここからどうしようかといよいよ行き詰まったときに仲間が次の足場を教えてくれると、仲間のありがたさを身にしみて感じることになる。

「危ないからやめろ！」と言われないで、木登りに夢中になれる子どもたちは幸せだ。また、それを和やかに見ていられる大人たちも、同じく幸せである。

その木の下で

いまや、なくてはならないこのコナラの木、木登り以外にも子どもたちはさまざまな遊びに利用している。その一つに、縄跳びの長縄を枝にかけるという遊びがある。下から縄を投げて枝にかけるというものだが、なかなかうまくいかないのでまたそれがおもしろい。そして、うまくかかると今度はそれを使って遊ぶ。綱にぶら下がってターザンのように大きく揺らしてみたり、適当な板を拾ってきてブランコのようにして遊ぶこともある。

遊び道具がなければ自分たちでつくって遊ぶというところが見事。そこには、ものづくりの楽しさが満ちあふれているのだ。枝にかかった綱に板を付けてつくった手製のブランコ、既製のブランコで遊ぶのとはきっと違った楽しさがあるのだろう。

もちろん、公園にはブランコがあり、それで遊ぶ

こともあるが、こうして自分たちでいろいろと工夫し、苦労してつくったブランコに乗ることには格別の楽しさがあるようだ。現代では、子どものためにつくられたであろう遊具が、皮肉なことに子どもから遊びの楽しさを奪ってしまっているのかもしれない。何も公園の遊具にかぎらず、既製の多くの遊具やオモチャにも言えるのではないだろうか。

本来、子どもたちにとって必要なのは、遊びをつくりだすことができる環境と材料である。既製の遊具での遊びには「飽き」があるが、自らがつくりだす「遊具」での遊びは常に新鮮だ。そこには、子どもなりのこだわりがあり、飽きればいくらでもつくり直すことができるからだ。

いつも楽しげな子どもたちの声を聞いているコナラの木が、きっとそのことを一番よく知っているだろう。

カモシカ脚の子どもたち

「あおぞらえん」の子どもたちは、そろって足腰が強い。「年少」の子どもでも、かなりの斜面を転ばずに駆け下りることができる。この運動能力を身につけられたのは、あおぞら広場にある一〇〇メートルほどの緩やかな斜面でいつも遊んでいるからだろう。毎日、子どもたちはこの斜面を駆け上っては駆け下りてくる。ここでの遊びで、子どもは足腰を強くしていった。

　子どもたちにとって、斜面を走り回ることは決して楽なことではない。にもかかわらず、子どもたちは嬉々として走り回っている。つま先から伝わる感覚を敏感につかみ、転ばないように身体のバランスをうまく取っているのが分かる。おいかけっこをしているときなどの身のこなしは素早い。捕まるまいとして全力で走り回っているのだ。こうした遊びをしていれば、自然に走力をはじめとしたさまざまな運動能力が身につくだろう。私の勝手な想像だが、「あおぞらえん」を卒園した子どもたちのなかから、将来、すぐれたアスリートが出るのではないかとさえ思う。

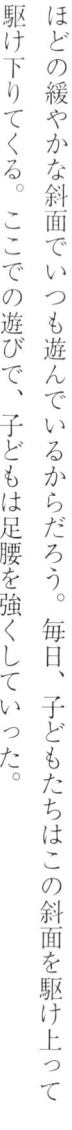

遊びのなかで子どもの諸力を発達させていくというのは「自然の仕組み」と言っていいだろう。大人から指示されなくても、また「がんばれ!」などと言われなくても、子どもたちは息を弾ませておもしろがって走り回っている。一九七〇年代前半までは、路地などで子どもたちがみんな走り回って遊んでいた。現在では、それに代わって「お稽古ごと」が盛んになってしまったが、身も心も解放された遊びのなかでこそ伸びやかな運動能力を発達させていくことができるのだと思う。そのことを、子どもたちが見事に証明してくれている。

「あおぞらえん」の子どもたちはみんな、細くてもしっかりと締まったカモシカのような脚のもち主である。

石垣登り

祖師谷公園の近くにコンクリートブロックで造られた石垣があり、その上が竹林になっている。高さは四メートルほどで、子どもたちはブロックとブロックのわずかな隙間を使って、つま先と指先とで登っていく。普通であれば、こんなところを幼児が登ったりすれば、まちがいなく周りの大人が止めるだろう。

しばらく見ていると、なぜ幼児でも登れるのかが分かってきた。それは、ブロック一つの高さが約三〇センチなので、初めにつま先をかけるところは下から三〇センチでしかない。当然だが、次は六〇センチ、九〇センチと三〇センチずつ高さが増すのだが、隙間はどのブロックでも同じだから登る技術も同じ。となると、あとは体力と気力、そして高さが増していくことに対する恐怖心との闘いだけなのだ。それに、それぞれのブロックが「関所」の役目をしているために自らの実力を実感することができるので、決して無理をして転落するようなことにはならない。

子どもたちは、自分の判断で挑戦する

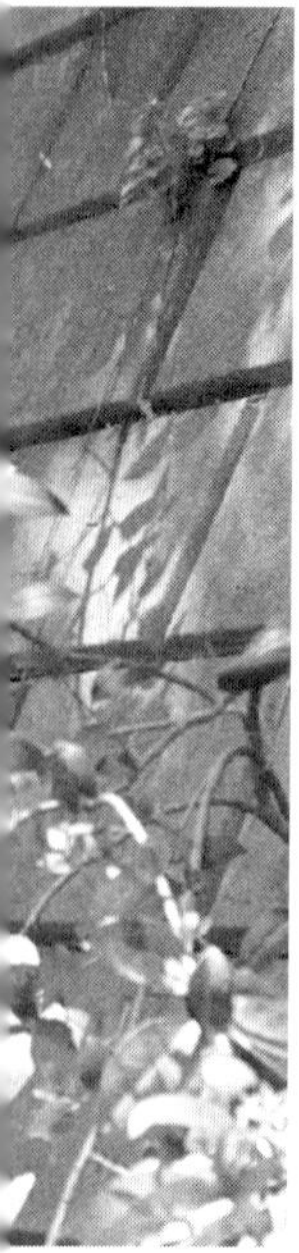

ことがおもしろくてしかたがないようだ。五枚目のブロックのあたりが一つの「壁」になっているようで、「年中」の子どもたちはそこから上にはなかなか行けない。そして、「年少」の子どもたちは、さすがに無理だと分かっているので挑戦者たちを下から見上げるばかりだ。

何と言っても最後の難関は、最上部で竹の根っこにつかまって登るところだ。ここまで登るともう戻ることはできないので、緊張感は最高潮に達する。それだけに、竹藪に登り着いたときの喜びはひとしおのようだ。現に、登りきった子どもたちの顔は、みな得意げである。

崖登り

仙川駅から北に歩いて一五分ぐらいの所に「ドングリ山」がある。その名の通り、クヌギとコナラが茂っている。今日、ここへ来たのは、木の根っこを使って崖登りを楽しむためだ。子どもたちの目の前には、薄暗く、木の根が絡まった赤土の崖が迫って見えている。

「登っていいわよ」とえみさんが言うと、待ってましたとばかり飛びだしたのが「年中」と「年長」の子どもたちだ。彼らはすでに何度かここで崖登りを経験しているため、自信満々だ。忍者のごとく、木の根を巧に使って登っていく。一方、「年少」の子どもたちは、その姿を下からただじっと見ていた。

「さあ、みんなの番よ」とえみさんが声をかけると、「年少」の子どもたちもとまどいながら登りはじめた。すでに上に着いている「年中」や「年長」の子どもたちが、「その根に足をかけて」とか「一度右に行ってから、上に行くの」とアドバイスをしてくれるが、「年少」の子どもたちにはそんな声を聞く余裕などまったくない。崖の中腹で、根っこにしがみついてじっとしているのだ。

「年長」の子どものなかには、隣にある遊歩道を駆け下りて、また崖登りに挑戦している子どももいる。途中で悪戦苦闘している「年少」の子どもたちの脇を、見事にすりぬけて登っていく。

「年少」の健斗《けんと》が崖の途中で助けを求めているが、えみさんも因《もと》さんも一切無視している。一人ひとりの子どもを大切にするということは、ときには「突き放す」ことでもあるようだ。そして、自分で動きだすまでゆっくりと「待つ」らしい。

誰も助けてくれないと分かった健斗が、少しずつ動きはじめた。その様子を上で見ていた子どもたちがいっせいに応援をはじめた。時間はかかったが、健斗は難所を何とか自力で突破し、それを喜んでくれる仲間の輪のなかにいた。

竹登り

祖師谷公園には竹藪がある。公園にある畑に来たときによく立ち寄って遊ぶ所がすぐ隣にある竹藪だ。そこで子どもたちは、最近初めて竹登りに成功した。バランスをうまく取りながら、てっぺん近くまで上ってしまう技術はたいしたものだ。よく見ると、二本の竹がちょうどよい太さと間隔で生えている所を見つけて登っているのが分かる。どうやら、この条件を満たした一組の竹を見つけたら半分は成功したようなものらしい。狭くても広くても登れない。狭いと前後に倒れてしまい、広いと、言うまでもなく上に登るのが難しくなるからだ。

木登りと違うところは、足の親指と人差し指で竹を挟んで登るところだ。うまくバランスを取らないとユサユサと揺れが大きくなり、登るどころではなくなる。しかし、このバランスさえうまくとれたら、あとは木登りで身につけた技術を応用すれば登ることができる。

最初は、木登りと同じように、一本の竹をどこの学校でもある「はんとう棒」のようにして登っていた。ところが、やはり「はんとう棒」とは勝手がちがって、少し登るだけでしなってしまってどうしても登れない。いい所まで行っては腰が砕けたように竹が曲がってしまうという失敗を繰り返し、それでもあきらめることなく登り方を工夫したらユニークな登り方を見つけた。「靴を脱ぐ」→「靴下も脱ぐ」→「親指と人差し指で竹を挟む」という技を編みだしたのだ。さらにいろいろやってみると、自分にあった太さと間隔の竹があることまで分かってきた。ここにも、遊びの応用問題を解くおもしろさがある。

タケノコの皮は何枚か

石垣登りのついでに、タケノコ掘りもしようとやって来た。先に登り着いた子どもたちが、早速タケノコを見つけた。えみさんも登っていって、子どもといっしょになってタケノコ掘りに夢中になっている。道具は何も持ち合わせていないので、普段もそうであるように素手で掘る。指先を土のなかにつっ込み、タケノコの周りにある土をどけていく。しばらくすると、立派なタケノコが掘りだされた。

下の遊歩道に運ばれたタケノコは、因《もと》さんと子どもたちによって皮がむかれはじめた。一枚、一枚とむいて、遊歩道の脇に並べていった。予想をはるかに超える皮の数に、子どもたちはびっくりしてしまった。「匂いをかいでみたら」と言う因さんの声で鼻に近づけ、「かじってみたら」と言った途端ガブリ。

掘り立てのタケノコはえぐみもなくおいしいと言われているが、いささか大きくなりすぎたせいかえぐみが強く、「おいしい」とはとても言えないものだった。でも、

子どもたちはというと、自分たちが掘りだしたタケノコを食べられたので満足顔。

五感をフルに使って感じることを大切にしている「あおぞらえん」では、こんなときもいつもの通り。子どもたちは、道具を使わずに素手で掘る（触覚）→皮をむいて一枚一枚並べてみる（視覚）→匂いをかいでみる（臭覚）→食べてみる（味覚）という一連の体験ができる。

この竹藪、東京都の所有地らしい。だから、「タケノコ泥棒などというそしりを受ける心配はない」とえみさんが言っていたが、本当かな？

走り鯉のぼり

毎年五月になると、「走り鯉のぼり」をして楽しんでいる。緑一色のあおぞら広場の斜面を、手に鯉のぼりを持って走り回るのだ。

三メートル以上ある大きな鯉のぼりを地面に着かないようにするには、全力で走らないといけない。斜面を下るときはスピードが出るので、鯉のぼりは空気をいっぱいに吸ってはためきながら泳いでいる。下るときには足をしっかりと踏ん張らなければ転んでしまうし、逆に戻ってくるときには鯉のぼりが地面に着かないように一生懸命走らなければならない。走りながらうしろは見られないので、走って凧《たこ》を揚げるときのように、ただひたすら手に持った紐から泳ぐ鯉のぼりを感じながら走るのだ。

「年長」や「年中」の子どもたちが格好よく鯉のぼりをはためかせて走っている光景を、「年少」の子どもたちが自分たちもやってみたいと思って見ている。その気持ちが高まったところでいよいよやらせ

てもらえるのだが、やはりスピード不足で広場中を引きずり回してしまう。それでも気分は上々のようで、帰ってくるとみな満足した顔をしている。

因《もと》さんとえみさんによると、「走り鯉のぼり」は子どもたちの脚を鍛えるのにはもってこいだという。五月の二週間ほどは、雨の日でないかぎり鯉のぼりを持ち出して走り回っているらしい。カモシカ脚は、こんな遊びからも生まれたように思う。

この「走り鯉のぼり」は新緑と鮮やかなコントラストをつくりだし、祖師谷公園の風物詩ともなっている。

スカンポのおやつ

いまや、大人たちですら「スカンポ」がどんな植物で、それが生で食べられるということは知らないだろう。スカンポは「スイバ」とも言い、かつては子どもたちの身近な「野のおやつ」だった。茎の皮をむき、かみながらしゃぶると独特の甘酸っぱさが口のなかに広がってくる。

「あおぞらえん」の子どもたちはこのスカンポが大好きだ。都会でもまだスカンポが生えている所があり、毎年、そこへ出かけるのを楽しみにしている。その一つが成城学園近くの仙川沿いである。

みんなで大いにしゃぶろうと思って目的地に行ったのだが、残念ながら、この年はスカンポの出が悪かったようだ。ひょっとしたら去年採りすぎたせいかもしれないが、繁殖力が強い植物なので何か別の原因があるのだろう。

少々あてがはずれてがっかりした子どもたちだが、あちこちと探し回ってやっと何本かを手に入れ、早速、器用に皮をむいて噛みだした。そのすぐ横を先生に連れられた小学生の一団が、「いったい、何をしゃぶっているのか」といぶかしげに見ながら通りすぎていった。

今さらスカンポなど大人のノスタルジーだ、と言うのはまちがいである。野のものを採っていただくことによって、自然との距離がぐっと近くなるのである。観察することも大事だが、そこにはどこかよそよそしさがある。ところが、それを食べることによってこの距離がぐっと縮まり、草むらでスカンポを探す目つきも変わってくるというものだ。

春、モミジイチゴがなるころには、それが茂る藪に出かける。そのほかにも、お父さんのお酒のつまみになるノビル、秋にはキクイモなど、都会の住宅地でもまだまだ探せば野の食べ物は健在である。

ジャガイモ掘り（農家の畑）

「あおぞらえん」では、近くの農家の畑で毎年ジャガイモ掘りをしている。全部で四畝ほどで、一人で三株ほど掘り起こすことができる。

まず、一畝目に全員が一列に並んで掘りはじめる。「年少」の子どもたちは踏ん張って株ごとひっこ抜こうとするのだが、ほとんどの場合根から切れて大きなジャガイモは地中に残り、小さなものだけがぶらさがっているという状態だ。一方、「年長」の子どもたちは地中に手を突っ込んで大きなジャガイモを掘りあてて大興奮となっている。

畑の土はホコホコとしていて掘りだしやすい。長靴を履いて、軍手をはめてイモ掘りをするというのが最近のスタイルだそうだが、「あおぞらえん」では、この土の感触をたしかめるために裸足になって素手で掘っている。「年長」の子どもたちの掘り方を見ていた「年少」の子どもたちも同じように頑張っているが、さすがに三歳の子どもの手では、大きなジャガイモを見つけてもなかなかその下に手を入れて掘りだすことができない。あきらめないで何とかジャガイモを掘りだそうと

37　ジャガイモ掘り（農家の畑）

している姿がほほえましい。ジャガイモの上のほうばかりをこすったのだろう、皮がすっかりむけてしまったジャガイモもあった。

掘りあげられたジャガイモが一か所に集められた。その周りに子どもたちが座り、えみさんがその一つを取って手でこすって土を落とし、「かじってごらん」と言った。えみさんは、「生」が一番自然との距離がないと考えている。私たちの日常は、加工されたものに取り囲まれている。生の匂いや味、食感などを子どもたちに感じてほしいとえみさんは思っている。

さて、掘りだされたジャガイモたちは、その日手伝いに来ていたお母さんたちの手によってふかしイモに変身し、お昼にみんなでほおばった。頑張ったあとのおいしさだった！

素手と鍬《クワ》で（区民農園）

前回のジャガイモ掘りから二週間ほどたった今日は、自分たちの畑のジャガイモ掘りだ。世田谷区民農園にある「あおぞら畑」に着くと、早速、「年長」の子どもたちから掘りはじめた。三月に子どもたちが植えたジャガイモの収穫なのだ。農家の畑での体験をよく思い出させるために「年中」と「年少」は、畑の脇に座って「年長」が掘るのをよく見るようにと言われていた。「あおぞらえん」では、常日頃から何事もよく見ることを大事にしている。

種イモを深く植えたせいか、ジャガイモがかなり下のほうにできている。素手で掘る子どもたちはというと、真剣な表情で一生懸命に掘っている。「とれないよー」という声が出はじめたが、因《もと》さんとえみさんは「がんばって掘らなきゃ」と応援するだけ。

しばらくすると、「うわぁー！　こんなおおきなのがでた」という声が上がった。それが刺激となったのか、拍車がかかったように掘りはじめた。掘りたい気持ちを我慢して、今か今かと合図を待っていた「年中」と「年少」の子どもたちも一畝ずつ受け持って掘りはじめた。

やはり、自分たちで植えて育てたジャガイモを掘るというのは得も言われぬ楽しさがある。掘り出された量も予想以上に多かった。

しかし、ここでは裸足にはさせない。農家の畑で感じられる土のホクホクした気持ちのよい感触が感じられないこと、ガラス片や釘などが混じっていたことがあったために運動靴を履いたままだ。

ジャガイモ掘りが終わると、「年長」の子どもたちが区民農園に備え付けられている鍬を使って畑を耕しはじめた。重たい大人用のものだが、教わった通り上手に使っていた。

鍬は危険だということでシャベルを使わせる園が多いが、子どもたちは鍬を振り上げるようなことはせず、ハラハラするような場面は一度もなかった。おそらく、足腰がしっかりしているうえに集中力があり、こんな場面ではふざけてはいけないということが身についているのだろう。

畑からの帰り道

畑でジャガイモを収穫した帰り道、車椅子に乗った見ず知らずのお年寄りと出会った。ジャガイモで垂れ下がったリュックを背負って意気揚々と引き上げてくる子どもたちを見て話しかけてきた。

「みんな元気ね。そこに何が入っているの」

「ジャガイモほったの」

「どこで」

「くみんのうえんのはたけで」

「みんなどこの小学校？」

「ようちえんです」

といった会話が自然に交わされた。街を歩いていると、いつもそうだが、よく小学生とまちがわれる。そこを通りかかったおばさんが、「道にジャガイモが一つ落ちていたわよ。あんたたちのじゃないの」

と教えてくれた。

畑で掘りだしたジャガイモやサツマイモを「レジ袋」に入れたり、いつも背負っているリュックに入れてあおぞら広場まで持ち帰る。持てる分だけを自分で入れて持ち帰るが、その重さは一キロから三キロとなる。三歳児には一キロでもかなりの重さになるが、約二〇分の道のりを背負って帰るのだ。

ときには、年長児が途中で持てなくなった年少児の分を自分のリュックの上に乗せて帰ることもある。こんなことができるのも、普段から遊びのなかで身につけた力があるからだろう。バランスよく全身が発達しているのだ。

幼児が三キロ近い荷物を背負って歩く姿など、最近ではまず見かけない。この体力と気力、きっとさまざまな場面で有用な力を発揮することだろう。

高尾山遠足

「あおぞらえん」では、春と秋に高尾山への遠足がある。高尾山は、東京近郊にある標高六〇〇メートルほどの山で、最近では、「ミシュラン」の旅行ガイドで三つ星がついたとかでにわかに人気が高まった山である。

麓から中腹までケーブルカーがあり、多くの人がこれを利用して頂上まで登るが、「あおぞらえん」の子どもたちは歩いて山頂をめざす。「登山」と言ったほうがいいのだろうが、「あおぞらえん」では「遠足」と言っている。というのは、山頂に着くことが目的ではなく、いつもの街歩きのように、「道中をたっぷりと楽しみながら行く」という意味があるからだ。

●高尾山

東京都八王子市「明治の森国定公園」にある標高599メートルの山で、山頂に向けて多くの登山コースがある。東京近郊の山としては植物の種類が極めて豊富であり、ムササビの生息地でもある。また、中腹にある高尾山薬王院有喜寺は、川崎大師、成田山と並ぶ真言宗智山派の関東三大本山の一つである。都心からは1時間程度で登山口である京王線高尾山口駅に行ける手軽さもあって、年間250万人が訪れている。中腹までは、日本一の斜度を誇るケーブルカーが運行されており、またリフトもかかっている。最近「ミシュラン」の旅行ガイドで三つ星に認定されたこともあって登山者が増え、特に外国人が目立つようになった。

今日は、春の高尾山遠足の日だ。仙川駅に九時半に集合して五〇分ほど京王線に乗って高尾山口駅まで行く。高尾山の中腹には薬王院有喜寺があり、山門にはカラス天狗が祀られていることもあって、駅構内にも大きな天狗のお面がかけられている。登山に来た小学生たちはそれを横目で見ながら通りすぎていくが、「あおぞらえん」の子どもたちは、早速、天狗の長い赤い鼻を観察だ。なかには、ジャンプをして鼻に触ろうとしている子どももいる。

駅から登山口に向かう参道の両側には、そば屋や土産物屋が並んでいる。ブルマー姿でおそろいの帽子をかぶってリュックを背負った子どもたちを見た店番のおばさんが、「みんな元気だね。これからケーブルカーに乗るんでしょ」と声をかけてきた。

子どもたちが「あるいていくの」と答えると、「ケーブルの駅まで行くんでしょ」とまた尋ねた。子どもたちが「やまのうえまでいくの」と答えると、「えっ、歩いて頂上まで行くの。それはえらいわね」とびっくりしていた。

無理からぬ話で、大人でもケーブルカーを利用して中腹まで行き、そこから一時間ほどかけて山頂まで歩いていく人が多いのだ。

ケーブルカーの駅を横目で見ながらしばらく行くといよいよ狭い6号路の山道になり、すぐに一つ目の標識が出てきた。この標識は山頂までの各要所にあり、登山の目安ともなるものだ。そこから少し上に行くと、シャガの花が一面に咲いている所に出た。因《もと》さんが早速足を止め、子どもたちに語りかけた。

「この花の名前知っているでしょ。今年はずいぶんたくさん咲いていているわね」

子どもたちも、しばらくそこで日陰の斜面に咲いていている薄紫の花の群落を見ていた。

あおぞら広場でもシャガは咲いていていて、子どもたちはその名前をすでに知っていた。とはいえ、ここでは広場とは比べものにならないほど群れをなして咲き誇っているのだ。保育者がさまざまな所で出会う花々について語りかけることによって、子どもの感性に花々の美しさが意識化されていく。

さらに登っていくと、先頭を歩いていた子どもの足がぴたりと止まり、みんなで輪になって何かを見ている。近づいてみると、どうやら巨大なミミズを発見したようだ。いつも見ているミミズとはあまりにも大きさが違うので「ヘビ」だという子どももいたが、いろいろと言い合った結果、「やはりミミズである」ということになった。

大ミミズ発見

こんな発見があるのも、普段からいろいろとあたりにあるものを見ながら歩くということが習慣化しているからだ。列をつくって脇目もふらずにひたすら頂上をめざすという登り方では、仮に見つけられたとしてもそのまま通りすぎることになってしまう。それでは、事物に直接触れて学ぶという絶好の機会が失われてしまう。「あおぞらえん」の遠足ではできるかぎり自由なペースで歩くことにしているので、何かを発見したら安心してたっぷりと付き合うことができる。

出発してから四五分ほどで、太い根が大蛇のように這いからまっている道の所に来た。祖師谷公園の林やドングリ山で見慣れていることもあり、いつものように楽しみながら根の上をわたって登っていく。やがて五番、六番の標識をすぎて登っていくと、双眼鏡で谷の向こうを見ている登山者に出会った。子どもたちがそれを見逃すわけがない。

「おじさん、なにみているの？」と早速聞くと、「セッコクを見ているの」と答えてくれた。

子どもたちには「セッコク」なるものが何だか分からずにいると、えみさんがおじさんから双眼鏡を貸してもらって、「まあ、なんてきれいなんでしょう」と大喜びしている。

「ほらほら、向こうの木の枝の上に白いものが見えるでしょ。セッコクっていう花なのよ」と、大興奮で子どもたちに語りかけた。肉眼では小さくしか見えない。でも、たしかに白い花が高い木の上に咲いているのが見えた。

「年少」の花音《かのん》が、細い枝を拾って釣り竿のようにして谷に垂らして夢中になって遊んでいた。よほどおもしろかったようで、みんなが先に行ってしまっているのに気がつかないでいる。しんがりを引き受けていた私は、黙って見ていることにした。

どうやら、枝から垂れ下がっている葉っぱを魚に見立てているらしい。山のなかで一人で「釣り」をしている三歳児がいると思うと、なんとも愉快な話だ。しばらくしてみんなの姿が見えないことに気がつくと、急に心細くなったと見える。泣きべそをかいて、大事な「釣り竿」を捨てて慌てて追いかけていった。

歩きはじめてから一時間ほどの所で休憩となる。ここで「元気の素」のアメ玉をもらった。大人だったら腰を下ろしてひと息というところだが、子どもたちはすぐ下の沢に下りて遊びはじめた。石伝いに対岸に渡ったり、岩の上に登ったりして遊んでいた。道中を楽しみながら行くという「遠足精神」が遺憾なく発揮され、一〇分ほど沢遊びを楽しんでいた。この遊びで気分が一新されたのか、疲れた様子がまったくな

魚釣り

い。

道半ばで、時計がちょうど一二時を指していた。次第に道が急になり、いよいよ「山奥に来た」という感じになってきた。突然、先ほどのかのんが大声で泣きだした。「ママ、ママ！」と言って泣いている。つい先ほどまで楽しく歩いていたのだが、にわかに山奥に来たことに気がついたようで心細くなったみたいだ。

その声を聞きつけて、前のほうを歩いていたえみさんが戻ってきて手をつないで歩きはじめた。自由に子どもたちを歩かせてはいるが、アンテナの張りめぐらし方はすごい、必要なときには素早く対応している。

この第六感ともいうべきアンテナの張り方は、一朝一夕では真似ができないだろう。まさに、長年の経験から「勘所」ともいうべきポイントを直感的に関知しているようだ。手をつないでもらって安心したのか、かのんはすぐに泣きやんだ。

やがて、このコースで一番の「難所」に差しかかった。浸みだした地下水で滑りやすくなった岩、子どもにとってはよじ登るというほどの段差、谷

「ママ、ママ！」

側も切れ込んでいるので細心の注意を要する場所だ。時間は一二時四七分、出発してから二時間ほどの所だ。

ごく自然に「年長」の子どもが「年少」の子どもの手を取ってサポートをしはじめた。下ってきた登山者が道を空けてくれて、その様子をしきりに感心しながら見ていた。

「よくここまで歩いてこられたね。おじさんたちケーブルで上がって下りてきたんだ。こりゃ、まいったな」

そう言われた子どもたちは、歩いて登るのが当たり前と思っているのであまりピンとこないようだ。

難所を行く

約二〇分かけて難所を登りきると稲荷尾根に出た。ここでひと休み。二回目の「元気の素」をもらう。糖分の補給はエネルギーの素にもなるし、またこうしたちょっとしたことで気分の切り替えができる。いよいよここから、頂上に向かってひたすら登っていくことになる。赤土の尾根道だから滑りやすく、しかも場所によってはえぐられたような大きな段差がある。大人でも、根気よく登るしかない所だ。

モミジイチゴ探し

難所もそろそろ終わり

ヤッホー!!

そんな道でも、子どもたちは登山道脇の藪にモミジイチゴを発見した。すると、すぐにあたりに散ってモミジイチゴ探しがはじまった。時間は一時二〇分、普通だったらお弁当を食べ終わって下山にかかる時刻だ。まだお弁当も食べていないのにしばし夢中になって探したが、あいにくと少量しか採れなかった。運よく見つけられたラッキーな数人だけが満足顔をしていた。

さらに登っていくと、下山してきた二人のおばさんが声をかけてきた。

「よくここまで登ってきたね。みんな何年生？」

また、小学生とまちがえられたのだ。「あおぞらえん」の子どもたちは、身体がとくに大きな子どもがいるわけではないのだが、年齢よりも上に見られるのだ。たぶんそれは、子どもとしての存在感、一人ひとりの「輪郭」がはっきりと感じられるからではないだろうか。遊びの世界で、主体的に活動している日々の生活が生みだしたものだろう。

「みんな何年生？」

子どもたちが「幼稚園」と答えるとびっくりして、さらに、「年少」の子どもが三歳だと聞くと目を丸くしていた。そして、しきりに感心し、励ましてくれた。

一時三三分、頂上直下の鞍部にある休憩ポイントに着いた。ここで三回目の「元気の素」を口に含み、ひと休み。ここでは、二人のおばさんがベンチに座ってお弁当のおにぎりをほおばっていた。子どもたちの様子を見て、「巻き道から頂上に行くと楽よ」と親切に教えてくれたが、えみさんが「私たちは正面の階段を上っていくんです」と答えると怪訝《けげん》な顔をした。楽な道を行かないことが理解できなかったようだ。しばらく休むと、その二人が見ている前を「年少」の子どもたちからたしかな足取りで階段を上っていった。

もう少しで頂上という地点で、「年少」の旭がひとり遅れて半ベソをかきながらえみさんに付き添われて登っていた。すると、つい先ほど「ママ！」と言って泣いていた花音《かのん》が上から下りてきて、旭の手を無言で引っ張りはじめた。さすがのえみさんもこれはまったく予想していなかった。たぶん、頂上に着いたときに旭の姿が見えないので心配して迎えに来たのだろう。

一時五二分、麓を出発してから三時間半かけて無事に全員が頂上に到着した。お弁当を食べはじめたのは、なんと二時であった。お弁当の時間にこだわって、叱咤激励をして登らせたりしないで、「道草」の楽しさをたっぷりと味合わせたのだ。そのせいだろうか、途中の山道では子どもたちの五感が生きいきと働いていた。山頂めざしてひたすら歩くのではなく、「道草」を楽しみながら歩く。山登りが、いつもとは比べものにならない大きな自然のなかでの遊びになっているのだ。

子どもたちにとっては、おもしろいことがいっぱいありそうな山道が山頂までつづいているということである。だから子どもたちは、花を求めて飛ぶ蝶のごとく、山道を先へ先へと楽しみながら登ったのだ。当然きつい所もあるが、自らの意志で先へ行ってみたいと思っているため、そのきつさにも耐えたのだ。

高尾山への遠足では、この「遊び力」が遺憾なく発揮されており、この力があったからこそ三歳児が山頂まで自力で登ることができたのだろう。いかに、普段から野外での遊びが必要かということを改めて感じさせられた。余談だが、たまにはお腹が空ききる感覚を味わうのも今の子どもにとっては必要なことかもしれない。

その一方で、保育者としては「時間」の呪縛から解き放たれているということではないだろうか。そのためには、このような活動を通して子どもたちにどのような力をつけたいのかということが明確になっていなければならない。「あおぞらえん」の高尾山への遠足の目的は、五感を通して高尾山の自然とたっぷりかかわり、味わい、楽しみ、さらに山道を時間をかけて仲間と歩き、その結果として、山に登れたという「自信」をつけさせるということだろう。

こうしたことは普段の園における生活でも言えることだ。時間の設定は、できるかぎり緩やかなほうが望ましいと、因《もと》さんとえみさんは考えている。とくに、保育者が子どもの動きに合わせて裁量できる時間の幅が広いことが必要である。「あおぞらえん」では、畑などの活動のある日は別だが、日々の保育は、その日の子どもの遊びを軸にして展開されている。遊びがひと区切りついたころでお休み調べ（儀式）をしたり、絵本を見たり、お話を聞いたりと、そのあとの活動を展開していく。それは何よりも、子どもの遊びが日々の生活の基本だと考えているからだ。

　登山者でにぎわう山頂も、二時をすぎると静かなものだ。あたりを見回すと、「あおぞらえん」の子どもたち以外に子どもの姿はどこにも見あたらなかった。食べ終わった子どもから、いつものようにまた遊びはじめた。「あおぞらえん」の子どもたちは、小石や小枝など、その場で遊びの素材を見つけてすぐに遊ぶことができる。

　ちょびちょびとお弁当を食べていた旭のそばに「年長」の綾乃が付き添っている。ときどきお箸を持って、旭の口にご

最後の休憩

飯を運んでいた。どうやら、旭の食べるペースでは出発まで間にあわないと思ったらしい。

二時五〇分、下山開始。さすがに、行きのような「道草」をする時間的な余裕はないが、わざわざ石段の手すりに乗って滑り下りてみたり、おっかなびっくりで薬王院の「カラス天狗」を見たり、参道にあるお茶屋の縁台に座ってみたりと、結構楽しんで歩いていた。もう道は、参詣者も歩ける緩やかな下りになっており、そこをまさに風のように下りていった。

途中で山野草を売っている店があり、その店先に、朝方はるか遠くの木の上に白く見えた「セッコク」が鉢植えになって飾られていた。それを見つけた因さんが、店のおじさんに頼んで子どもたちに見せてもらった。

山頂から一時間ほど歩いて、ケーブルカーの駅に到着した。子どもたちの調子によってはここからさらに一時間ほどかけて表参道を歩いて下山することもあるが、このときは時間が押していたこともあってケーブルカーで下山することになった。ケーブルカーからは、朝登ってきた谷間が見わたせる。

「ほら、あそこを登っていったんだよ」と、えみさんが子どもたちに語りかけていた。

午後四時、子どもたちは高尾山口駅から京王線に乗って帰路についた。いつも電車に乗るときは最後部の車両に乗り込む。これは、ご存じの通り一方が車掌室になっているので、もう一方だけに注意を払えば心配ないということである。

始発駅なのでみんな座ることができた。しばらくすると、急に静かになった。電車の心地よい揺れも手伝って、ほとんどの子どもたちが眠り込んでしまった。そして午後五時、お母さんたちが待っている京王線仙川駅前に無事到着した。

駅前では、いまや遅しと、お母さんたちが子どもたちの帰りを待っていた。とくに三歳児の親たちにとっては、我が子が高尾山に登れるとは思ってもいなかっただけに、改札口から元気いっぱいに出てくる子どもたちの姿を見て感嘆の声があがった。

山では年齢よりも大きく見えた子どもたちも、それぞれの親の胸元では年相応の幼児の姿に戻っていた。

帰りの車中

広場の誕生会

今日は誕生会だ。広場にビニールシートを敷いてテーブル代わりとした。子どもたちのお目当ては、もちろんお母さん方の手づくりの誕生ケーキだ。まん中に誕生ケーキが置かれ、その前には、ちゃんとローソクが立てられて火がつけられた。風がある日は大変で、子どもが吹き消す前に風が一気に消してしまうときもあった。

誕生月の子どもたちが前に立ち、一人ひとり、大人になったら何になりたいかを話す。「おかしやさん」「はなやさん」「サッカーせんしゅ」「どうぶつのおいしゃさん」「でんしゃのうんてんし」「ようちえんのせんせい」など、小さな子どもたちの夢は身の周りの世界のなかにあり、どこでも同じのようだ。

そのあとでお母さんたちが登場する。子どもがお腹のなかに

いたときのこと、生まれるときのこと、赤ちゃんのころのことなど、それぞれの子どもにまつわるエピソードを語っていく。子どもなりに、自分がどんな想いのなかで生まれてきたのかを知るよい機会となる。これが終わると「ケーキ入刀」となり、子どもたちが待ちに待った時間となる。

園舎がなくてもこのようなすてきな誕生会はできるし、キーボードを持ち出して歌もうたい、草原で絵も描ける。コナラの枝に布をかけて舞台をつくり、お母さん方による人形劇場が開かれたりする。こうした「場」をつくるのは建物ではなく「人」なのだということを、「あおぞらえん」の誕生会はよく示している。

あおぞら広場に生みだされるそんな人の温かさが、子どもたちを健やかに育んでいる。

ハンドサイクルのお兄さん

「あおぞらえん」にはときどきお客さんがやって来る。お話をするおばさん、大学生、保育士、幼稚園や学校の先生たちといろいろだ。今日は、下半身に障害があるお兄さんが未知の乗り物に乗ってやって来るというので、子どもたちは朝から楽しみにしていた。

いつものように遊んでいると、公園の門のほうから大きな三輪車のハンドルに付いたグルグル回すものを両手で回しながら永野明さんが登場した。子どもたちは、目ざとく見つけて走り寄ってその周りを取り囲んだ。

ハンドサイクルは、子どもたちはもちろん、大人たちにとっても初めて見る乗り物だった。挨拶もそこそこにどうやって走るのかを永野さんに説明してもらい、早速乗せてもらうことになった。入れ替わり立ち替わり乗せてもらったが、残念ながら子どもの腕力では

●永野明氏プロフィール

1975年生まれ。脳性まひにより下半身に障害がある。身体障害者手帳一級。障害者プロレス団体「ドッグレッグス」で選手として活躍するかたわら、出身地の福岡で障害者プロレス団体「FORCE」を設立し、現在その代表。

自転車の前輪部分を車椅子に取り付け、脚でこぐ代わりに腕でハンドル部分を回転させ進むハンドサイクルで、2008年10月、東京から福岡まで1,200キロを10日間で走破した。

ほとんど動かなかった。

こんなときはお母さんたちの出番だ。まず愛さんが乗り込み、力を入れてグリップを回転させると少しだけ動きはじめた。愛さんはすっかりうれしくなって、しっかりと前を見つめ走っていく。つづいて何人かのお母さんが挑戦したが、全員なんとか動かすことができたが、永野さんの腕の力にひたすら感嘆するばかりだった。

そして、まもなくこのハンドサイクルで東京・日本橋から福岡・博多までの一二〇〇キロを走破することに挑戦すると聞き、みんなびっくりしてしまった。

えみさんも因《もと》さんも、普段から公園に遊びに来る障害者にすすんで挨拶をするし、話しかけている。そんなこともあってか、子どもたちには障害者に対して何の偏見もなく、永野さんに対しても、「自分たちにはできないことができる人」としてすっかり尊敬してしまった。

ひと仕事

今日は、バザーで売るカレーライスに入れるタマネギとニンジンの皮むきがあった。朝、ひと遊びしたあとで広場でその作業がはじまった。因《もと》さんがお手本を示すと、実によく集中して子どもたちは見ている。草原に輪になって座って、みんな真剣に皮をむきはじめた。広場は静まり返り、子どもたちはひたすら皮をむいていた。

普段でも、子どもたちが集中して遊んでいるときに同じような場面を見かける。この集中力と主体性は表裏をなしている。受け身で何かをしているときも表面的には同じように見えるが、本来、物事に主体的にかかわらないかぎり集中力は発揮されない。こうした集中力はどこで身につけたのだろう。それは、日常の園生活のなかで遊び込むことによって身につけたものにちがいない。

しばらくすると、三〇個近いタマネギの皮がきれいにむけた。白い玉となったタマネギがポリ袋の中で光って見えた。

次はニンジンの皮むきだ。さすがに包丁でむくと思わぬ事故にもなるので、スライサーを使って皮をむく。因さんがまたお手本を示した。ニンジン一本とスライサーが配られ、いよいよニンジンの皮むきのはじまりだ。

再び子どもたちは作業をはじめたが、「年少」の子どもたちはスライサーを当てる角度がうまくつかめず、なかなかむけないでいる。すると、「年中」の子どもたちが手を取って教えはじめた。教えてはやらせ、教えてはやらせを繰り返していた。

一時間半ほどかけて、タマネギとニンジンの皮むきも無事に終わった。あとはお母さんたちにバトンタッチして、バザーで人気メニューのカレーとなる。

水遊び

「あおぞらえん」では、子どもたちは水遊びを楽しみながらゆっくりと泳げるようになっていく。「年少」のころには顔を水につけることができなかった子どもも、「年長」になると水のなかで伸びやかに身体を動かして遊べるようになる。

水遊びの場としてよく出かけるのが、「まえがき」にも記した府中市にある「郷土の森博物館」と立川市にある「昭和記念公園」の水遊び場だ。毎年六月になると水遊びのシーズンとなり、毎日、京王線の仙川駅に集まって片道一時間ほどかけて電車に乗って出かけていく。

そこで、子どもたちはそれぞれの楽しみ方で遊ぶ。その様子は、祖師谷公園で遊んでいるのと同じである。因《もと》さんもえみさんも水のなかに入っていっしょに遊んでいる。大きな水遊び場だから、走り回ることも、の

んびりと寝そべることもできる。ときおり勢いよく出る噴水の下を走り回ったり、水中でラッコのようにクルリと回ってみせたりする子どももいて、水中での子どもたちの動きは実に伸びやかだ。

「年長」ともなれば「伏せ浮き」ができる子どもも多いし、なかには「バタ足」で泳げる子どももでいる。そうした泳ぎは、みんな遊びのなかで身につけてきたものばかりだ。水中で目が開けられるようにするために、アルミパックされた飴を投げ入れて潜って取りあうこともある。折を見て、それぞれに声をかけて顔を水につけさせたり「伏せ浮き」の指導をしたりしているが、あくまで遊びのなかでのことだ。

思えば、かつての子どもたちは近くの川や池でこうして泳ぎを覚えたものだ。水泳教室などは、どこにもなかった。

●東京都府中市郷土の森博物館

多摩川の側にあり「博物館」とあるように園内には府中市内から移築した役場庁舎、郵便取扱所などの数々の歴史的な建造物が展示されている。広く変化に富んだ水遊び広場、芝生公園、梅林などがあり、木々に囲まれた森林公園の趣がある。JR 南武線、京王線分倍河原駅からバスの便があるが、「あおぞらえん」では約1時間かけて分倍河原駅から歩いて行くこともある。電話（042）368-7921

●国営昭和記念公園

東京都立川市と昭島市にあり、昭和天皇在位50年を記念して元立川飛行場の跡地に造られた、面積148ヘクタールの広大な国営公園。園内には多くの立木があり、また広場や池、水遊び広場、アスレチックや様々な催しが開かれる施設がある。秋には、一面に咲くコスモスやイチョウの並木は見事である。最寄り駅は JR 西立川駅で駐車場も完備している。電話（042）528-1751

暖かな石の上でひと休み

因さんワニの背中に乗って

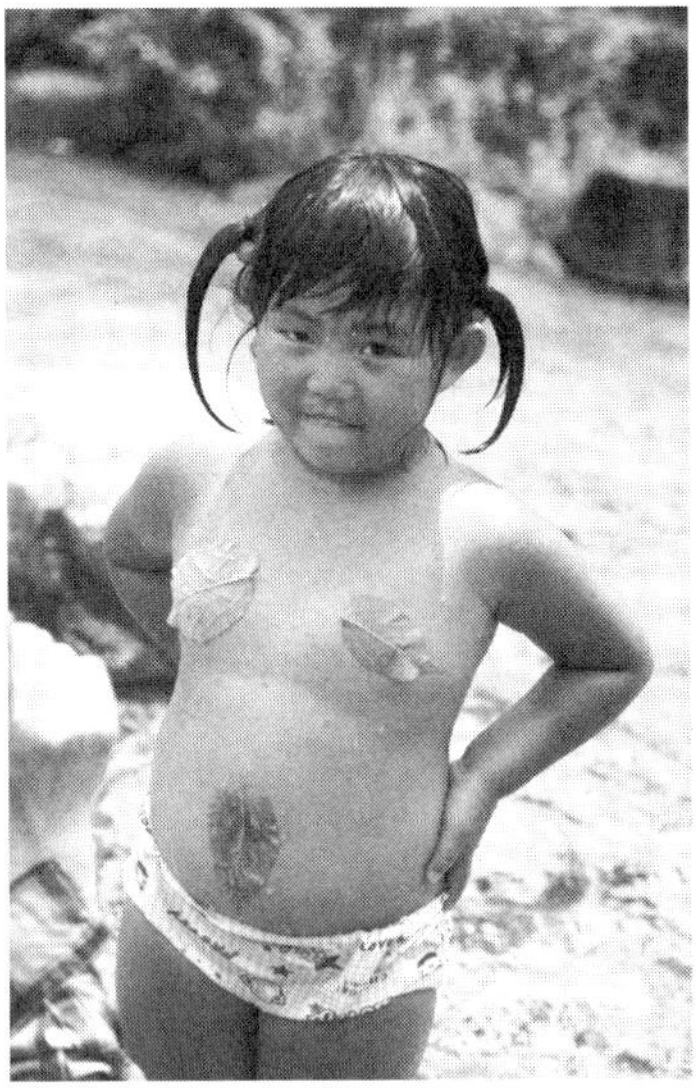

はっぱのファッション

トビウオになった

虫との付き合い方

毛虫以外のたいての虫なら、「あおぞらえん」の子どもたちは手で持つことができる。虫に触れないという子どもが多くなっている現在、ゴキブリでも出ようものなら、それこそ不潔の権化が襲ってきたような騒ぎとなる。大ミミズを平気で持てる子どもがいる一方で、アリさえも怖がる子どもがいる。この違い、いったいどこで生じてしまったのだろうか。

まちがいなく言えることは、それは身近な大人や友だちから「伝染」したということだ。ゴキブリやハエはたしかに不潔なものだが、それは彼らが不潔な所に止まったりして、その結果「ばい菌」を媒介するからである。彼らも昆虫の仲間で、本来は不潔でも何でもない。こんな事実さえも、「信じられない！」と言っていまや一蹴されかねない。

困るのは、虫に対する偏見の拡大再生産である。子どもにとって、虫は自然界への入り口でもある。虫が怖いとなってしまえば、その連鎖として自然界への共感を失っていくことになりかねない。

その結果、ひたすら人工的な「キレイ、キレイ」の環境でなければ生きていくことができなくなる。抵抗力をなくしてしまった子どもたちは、強い細菌に感染するとひとたまりもないだろう。人生において、これほどの不幸はない。

この不幸の種は、いつごろまかれてしまうのだろう。どうやら、二歳～三歳のころに身近な人から身につけてしまうようだ。だから、ゴキブリを見ただけで鳥肌が立つという人も、せめて子どもの前では奇声を上げないようにがんばってほしい。あくまでも、衛生的な見地から彼らは始末されなければならないということを子どもに伝え、恐怖心を植えつけないようにしたい。

ミミズのスパゲティを

アオダイショウ登場

一年生になった智士《さとし》が、プラスチックの水槽を大事そうに抱えて何かを持ってきた。何だろうと思ってのぞくと、何と八〇センチほどのアオダイショウだった。思いおもいの場所で遊んでいた子どもたちが、「智士がヘビを持ってきた」という声を聞いて走って集まってきた。

あおぞら広場でもときどきヘビを見かけることはあるが、水槽のなかに入った長いヘビなどは見たことがないので子どもたちは大興奮だ。在園時から生き物と聞けば目がなかった智士であったが、まさかこんな大物を持って現れるとは……。

得意げに水槽に手を突っ込んでヘビの頭をつかんで引きだした智士は、全身が出たところで尻尾をつかむとヘビは身体をくねらせた。みんなはというと、びっくりしたのかその様子を遠巻きにして見ている。「年少」の花音《かのん》が、近寄って指でヘビの身体に触れた。先入観がないからできたのだろう。ひょっとしたら、気質ということもあるのかもしれない。

それから智士は、クローバーとオオバコの生えている所にヘビを放して、しばらく「散歩」をさせてからまた水槽に頭から入れた。距離を置きながらヘビのあとをついていった子どもたちも、安心したのかまたその周りに集まり、ヘビをのぞいたり、智士を尊敬の眼で見つめたりしていた。

英雄になった智士の教訓。

「お腹を持って水槽からヘビを出したらほっぺたをかまれた。それで、頭の下と尻尾を持つのが安全だと分かった」

それからしばらくして、智士がまた遊びに来たときに「あのヘビはどうした?」と聞いてみた。智士は残念そうな顔をして、「どぶに逃げた……」と言った。

次は何を持ってくるのか、今から楽しみにしているのは私だけだろうか。

泥祭り

「どろんこ遊び」、昔も今も子どもたちの遊びの筆頭候補だろうと思う。祖師谷公園には、それにうってつけの場所が二か所ある。雨が上がったあとにスロープの下にできる水溜まりと、水道のすぐ近くにある土がむきだしになっている所だ。

この遊びは、仲間がいるからこそおもしろい。「どろんこ遊び」の実況中継をしてみよう。

水道近くの「現場」では、自然と分業が行われている。せっせと水をくんでポリ袋に入れて運ぶ子ども、水が流れでないように堤防をつくる子どもと、二班に分かれて作業をしている。初めは、とにかく水を貯めることに熱中。やがて、満足できるだけの水が貯まると、誰かがそのなかに入って遊びはじめる。初めのうちは静かに水のなかを歩き回っているが、しばらくすると、決まって誰かが水しぶきを上

げて走り抜ける。これが合図となって、「泥祭り」の幕が切って落とされる。走り抜けが泥水のかけあいとなり、泥をこねくり回していたかと思うとぶつけあいがはじまり、フィナーレは、自分で自分の身体に泥を塗りつけて泥人間の完成だ。

泥だらけになった服を洗うお母さんのことを考えると気の毒なことだが、いったん留め金が外れてしまった子どもたちはお構いなしだ。

原初的とも言える衝動に点火されて得られた開放感は何物にも代え難い。子どもたちは、生まれ落ちて以来、社会のなかで生きてきた。そこには、当然、さまざまな約束事もあり制約もある。子どもといえどもそれらの埒《らち》外ではいられない。だから、どこかで息苦しさを感じているにちがいないのだ。「祭り」、その根源は「リセット」なのだ。

六泊七日の八ヶ岳合宿

「あおぞらえん」では、発足以来、九月には長期の合宿をしている。ここ数年は、八ヶ岳山麓の甲斐大泉にある学校寮を借りて六泊七日の合宿を行っている。仙川駅前の広場に集まり、京王線、中央線、小海線と乗り継いで、五時間ほどかけて甲斐大泉駅まで行く。そこから山道を、いつものように花を摘んだり、虫を見たり、草むらに飛び込んだり、たっぷりと道草をして学校寮まで一時間半ほど歩いていく。

因《もと》さんとえみさんによると、合宿は最低六泊しないと意味がないらしい。なぜなら、「子どもたちが変わりはじめるのは三泊目、四泊目からなので」ということだ。親から離れた子どもたちは親との日常から解放されるわけだが、その反面、頼っていた親が近くにいないために甘えることもできなくなる。否が応でも、年相応の自立が求められるのだ。合宿中、頼りになるのは仲間と二人の保育者だけだ。

合宿だからといって、「あおぞらえん」の保育が変わることはない。いつもの通り、遊びをつくりだし、寮の敷地内を流れる小川や池、土手、グランド、そして森の中で思いっきり遊び回る。まったく自由なので、ひとりでアケビ採りをしたければそれもできるし、小石をいじっていたければ好きなだけいじっていられる。だから夜になれば、遊び疲れて、大きな風呂でひと泳ぎして布団に入るとすぐに寝てしまう。

しかし、なかには不安なためかなかなか寝られないでいる子どももいる。三日目の夜までめそめそ泣いていた子どもが、四日目の夜になるとえみさんの袖を握っただけで泣かずに寝られるようになった。そして、五日目になるとものの三分で寝てしまった。逆に、三日目までじっと我慢していた子どもが四日目になって泣きだすということもあった。しかし、一度思いっきり泣くと、そのあとはまず泣かない。

一週間にわたる合宿だから、当然、子ども同士で葛藤が生じる。「それを克服していくことに合宿の意義がある」と、二人の保育者は口をそろえて言う。たしかに、四日目ごろから子どもたちの地と地がぶつかりあい、我慢ができなくなる。ときに、取っ組み合いのケンカにもなるが、そのあとはひと皮むけたような関係になる。

食事はどうしているのかと言えば、三食とも自炊である。卒園生で、現在専門学校に通っている男性が全期間にわたって手伝いをし、数日は知り合いの保育士や卒園生のお母さんが手伝いに来てくれる。

もちろん、一日の日課をこなしているのはえみさんと因《もと》さんだ。起床から就寝まで、子どもたちといつもいっしょだ。洗濯機は夜までフル回転、まさに二四時間勤務という状態が七日間つづくわけだ。二人にとっても、毎年、試練の合宿と言えるだろう。ちなみに、「あおぞらえん」の合宿の目的を挙げておこう。

●自然にたっぷりふれる。
●身辺自律――自分のことは自分でする。
●社会関係をひとまわり深める。
●身体づくりのたしかめ。
●普段経験しにくい場面での喜びを共感する。
●合宿後の生活に自信を持って取り組めるように。
●子どもを見つめ直す機会にする。（親）

（園だより〈あおぞら〉より）

以下で、この七日目の様子を紹介していこう。

第一日目――出発の日

この年の合宿も、八ヶ岳高原にある学校寮を借りて九月二六日から一〇月二日まで行った。参加園児は一四名（「年少」三名、「年中」六名、「年長」五名）で、卒園児で広汎性発達障害と診断されたが、入園以来めざましく成長し、小学校二年生になった朋生《ともき》が「先輩」として特別参加した。サポートするスタッフは、因さんとえみさん、そして補助員として卒園児で専門学校生の浅津太郎さん。それ以外にも、「あおぞらえん」を見学に来たことがきっかけで保育士の道に進んだ山口冬《ふゆ》香《か》さんが特別に休みをもらって四日間、卒園児のお母さんである小林恵理さんが同じく四日間手伝うことになった。全日自炊となるので、鍋釜やおねしょ用のマットなどを太郎さんがライトバンいっぱいに積み込んで持っていく。

仙川駅前にある広場に、一〇時四五分集合。お母さんに抱きついて離れない「泣き人」はいなかったが、昨年「泣き人」だった健斗《けんと》が別れの涙を少し流していた。「大丈夫かな？」と見ていると、数分後にはケロリとしていた。子どもよりも、見

仙川駅に向かう

送るお母さんのほうが心配そうである。とくに、初めて合宿に送りだす「年少」のお母さんの表情は不安げである。

途中駅での乗り換えも手慣れたものだ。中央線の高尾駅で一二時一七分発の各駅停車小淵沢行きに乗り、甲斐大泉駅めざしての長旅のスタートだ。

毎年そうなのだが、列車に乗りあわせる人たちとの出会いがおもしろい。おばあさんとその娘さんが子どもたちのそばに座り、興味津々に子どもたちを見ている。しばらくして、子どもたちに話しかけてきた。

「どこへ行くの？」

すぐさま裕貴が、目をしっかりと見開いて「こうみせんのかいおおいずみまでいくの」と口をとがらせて答えた。すかさず智士が、「このひと、てつどうのことよくしっているの」と付け加えた。

おばあさんは少し耳が遠くなっているようで、娘さんが耳元で子どもたちの言葉を伝えた。しかし、二人は小海線を知

中央線の車中で

らないらしく、娘さんが車内に張ってある路線図の所まで行って見てきたようだ。そして、びっくりしたような顔をして、「あんたたち、あんな遠くまで行くの」と言って、またおばあさんの耳元に口を近づけて、「小淵沢で乗り換えるんだって」と叫ぶように言った。

おばあさんも「まあ、そんな遠くまで行くの」と言って驚いていた。

こうした知らない大人たちとのやり取りが自然にできるのも普段のあおぞら広場での生活があってのことだろう。あおぞら広場では、毎日、いろいろな人と話をしているので、どこでも誰とでも自然体で応対することができる。

小淵沢駅には予定通り二時三五分に到着した。ここで、JR最高地点のある高原列車、小海線に乗り換えだ。小淵沢駅を発車すると、列車は八ヶ岳の山裾を駆け上っていく。子どもたちは車窓の風景に釘付けとなる。なかには、先頭車両の運転席の窓越しに、迫ってくる秋の高原風景を精いっぱい背

小海線の車中で

伸びして見ている子どももいた。

それにしても、「あおぞらえん」の子どもたちは本当に「見ること」が好きだ。この目は、日常の街歩きでの「道草」によって養われたものにちがいない。

三時二〇分、無事に甲斐大泉駅に到着。仙川から四時間半ほどの列車の旅だった。ここから、山道を一時間半ほど歩いて宿泊先の学校寮に向かう。疲れはまったく見られず、実に軽やかで楽しげな足取りだ。山道だからといっても普段の街歩きとまったく違わず、道ばたに花がこぼれるように咲いていると大喜びで花を摘んで花束をつくり、きれいな景色をみんなで眺め、坂となれば風のように駆け下りた。やがて山道はいったん谷底に下り、そこから急な上りにかかるのだが元気さは相変わらずだった。

四時二五分、学校寮に到着。その門の脇には、「あおぞらえんのみなさん、いらっしゃい！」と書かれた歓迎の看板が立てかけてあった。管理人の牧村剛《たけし》さんと奥さんの美紀《みき》さ

寮の玄関前で「こんにちは」

んの心づくしに子どもたちは大喜びである。

玄関前で由衣が、寮で飼われている犬の「のんちゃん」にさっき摘んでつくった花束を差しだした。管理人の剛さんから「夜になるとイノシシが出ることもあるので、ひとりで外に出てはいけません」と注意を受けた子どもたちは、びっくりして寮のなかに入っていった。

夕闇が迫り、初日の夕食はスパゲティだった。因《もと》さんが昨日半徹夜をして調理してきたソースが温められて麺にかけられていた。短時間で夕食の用意ができ、しかもとてもおいしいスパゲティである。こうした長年の経験から編みだされた工夫があってこそ、七日間を自炊で賄うことができる。

食後、子どもたちは風呂に入って、おねしょマットが敷かれた寝床へ直行した。『ちいさいモモちゃん』（松谷みよ子著、講談社、一九六四年）をえみさんに読んでもらっているうちに、長旅の疲れが出たのか、眠れないでいる子どもも八時前には眠りについてしまった。さて、どんな夢を見るのだろうか。

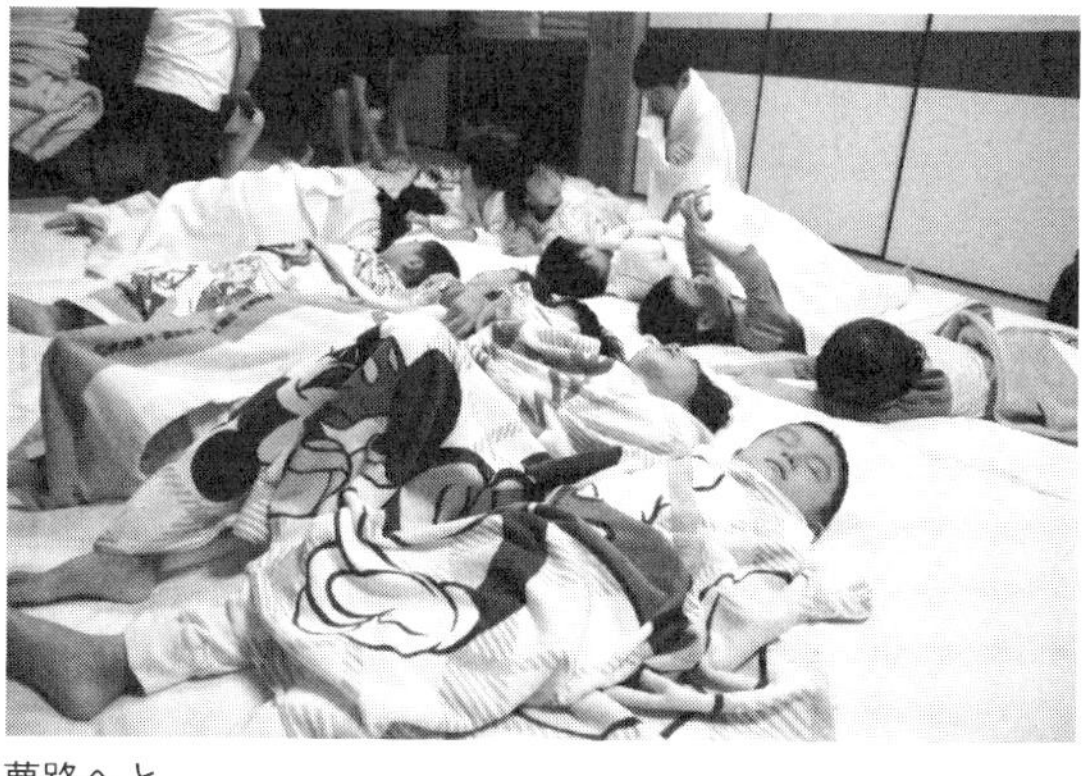

夢路へと

第二日目

六時ごろには目の覚めていた子どもがいたが、起床は七時。洗面後、八時すぎに玄関前のポーチに腰を下ろして朝食となった。頭上に青空が広がり、朝日が森の木々の奥から射し込むなかで、パンとスープとスクランブルエッグの朝食だ。子どもたちは朝から実によく食べ、「おかわり」を連発していた。

朝食後、いつもの朝のようにめいめいが自由に遊びはじめた。「年少」の佳奈は、玄関前で小石をいじって遊んでいる。去年は因《もと》さんにへばりついていた健斗《けんと》は、どこかで早くも摘んでつくった花束を片手に、グランドに砂山をつくって遊んでいる。倉庫からボールを出してきて遊んでいる子どもたちもいれば、どっかりと座ってグランドに絵を描いている子どもたちもいる。みんなそれぞれが、思いおもいに遊びを見つけて遊んでいる。「自分の遊びは自分で決めてする」という主体性が育っていることがよく分かる。

剛《たけし》さんが子どもたちのためにアケビを採らないでおいてくれたので、たわわになっている。去年、アケビの味をしめた智士と由衣がこれを見逃すはずはない。たちまち見つけて、「とって、とって」ということになった。

こんなときはえみさんの出番だ。「折れないかしら」と言いながらすでに片足が木にかけられていて、「大丈夫かしら」と言いながら、もう片足をふんばってその木に登ってしまった。そして、いまや遅しと下で待つ子どもたちに次々とアケビを採っては落としていた。すっかり熟したアケビ、これはめったにない上物だった。

ヤマボウシも、たくさんの実をつけていた。それが熟して木の下一面に落ちていたが、赤くてボツボツがある、少々怪しげな色と形のヤマボウシを子どもたちは最初食べようとはしなかった。因さんとえみさんはというと、木を激しく揺らしてヤマボウシの実を落としては拾って食べていた。それを見ていた子どもたちも、恐るおそる拾って食べはじめた。新顔の山の幸を、子どもたちはまた知ることになった。

クリの大木の下に子どもたちを集めたえみさんが、それぞれの家に出すハガキ書きをしていた。書きたいことを子どもたちに話させて、それを代筆しているのだ。合宿先から家族宛に手紙を書くということは、普段は意識しないでいる家族への思いを改めて知るよい機会でもある。ハガキには、次の

木の下で手紙書き

ようなことが書かれていた。

ママ、げんき？　まいはげんきよ。やつがたけのくうきはきもちいいよ。あさごはんは、たまごとパン二まいとやさいスープおいしかったよ。ママげんきでね。パパもげんきでね。みどりのけしきは、きもちいいよ。

やつがたけでみんなとあそぶのたのしいよ。おふろでおよげたよ。グランドでボールであそんだの。ママ、パパげんきでね。おねえちゃんも、まおがいなくてもたのしくすごしてね。

昼食はぜんざいだった。午前中を野外で過ごしたから、少し冷えた身体にちょうどよい食事だ。身体も温まり、すっかり元気を回復したようだ。

午後は、小学生の朋生《ともき》（子どもたちは「せんぱい」と呼んでいる）の要望にこたえて、「かめどん」（辻遊びの一種。二手に分かれて引っ張ったり押したりして遊ぶ）をした。この遊び、さすがに幼児には少し難しくて、いっしょに遊んであげないとうまくいかない。朋生のように小学二年生ぐらいになればこの遊びのおもしろさが分かるのだろう。初めは六人ほどいた子どもたちだが、やがて熱心なのは「せんぱい」だけとなってしまって「かめどん」は自然消滅してしまった。

その後、土手にある排水用のU字溝を使っての遊びがはじまった。子どもたちは傾斜に沿って設置されているU字溝のなかに陣取っているので、ボールを捕ろうとすると滑り落ちそうになるのだが、滑らないようにしてボールを捕るのがおもしろいらしい。現に、失敗して滑り落ちてしまうのだが、それもまた楽しいらしく、繰り返しえみさんに下からボールを投げてもらっていた。えみさんもそれにこたえて、いろいろな所にボールを投げている。そのたびに子どもたちは、大声を上げてこのスリル感を楽しんでいた。

予期しないことが起こった。拳《こぶし》ぐらいの大きさの石がU字溝の側面にあたってからバウンドして、えみさんと岳のそばに落ちた。石を落としたのは慶祐だった。

えみさんは慶祐をしっかりと見て、ひと呼吸おいてから「そこから石を落としたらどうなるか考えた?」と話しかけた。「結果」よりも「おもしろさ」のほうに気を取られてしまったのだ。こんなときには、単に謝らせたりするよりも、二度としないためにも物事の因果関係についてきちんと分からせることが大事だとえみさんは考えている。

今夜の夕食となるカレーライスの準備を、「年長」の子どもたちがはじめた。タマネギの皮をむく作業だ。バザーで経験していることなので、子どもたちだけでどんどんむけてしまう。一人が二つほどむけば充分なので、すぐに終わってしまってしばらくまた自由に遊ぶことになった。

四時すぎにかまどに火が入り、ご飯を炊きはじめた。子どもたちも火の周りに集まってきて、こっそりと小枝をかまどに入れたりしていた。「火いたずら」は、子どもにとっては魅力的なもので、私も子どものころ、大人の目を盗んではこっそりと物陰でしたものだ。

五時すぎ、夕食となった。みんなカレーが大好きで、炊き立てのご飯においしいカレーをたっぷりとかけてもらって、玄関前の白樺の木の下で夕食がはじまった。夕食に大喜びだと思ったら、健斗《けんと》だけがいつまでも食べないでいる。そして、小さな声で「しろいのがいいの」と言いつづけている。

カレーはいやで、白いご飯だけを食べたいと言うのだ。多くの子どもたちが食べ終わったころ、えみさんが健斗の所に行って「もったいない」と言いながら健斗のお皿からカレーだけを半分ほど自分のお皿に取った。「白いところもあるよ」とひと言添えて立ち去った直後、健斗が自分のカレー皿をわざとひっくり返した。えみさんが戻ってきて、「健斗、

夕食の準備

食べなくてもいいよ。一回ぐらい食べなくても死ぬことはないから」ときっぱり言い切った。そして、健斗が泣きわめいてもまったく相手にしなかった。結局、健斗はこの日の夕食は「抜き」となり、自分がしたことの始末を身をもって体験することになった。

この日の夜は、泣き声の大合唱であった。その原因は、初日に剛《たけし》さんが注意したイノシシのことを子どもたちが思い出したためだ。布団に入ってまもなく、窓際に寝ていた「年中」の奈歩実が「イノシシがくるからこわい」と言って泣きはじめたのがきっかけとなって、「年長」の朋花や真衣子も泣きはじめて「大合唱」になったのだ。寝床のなかで家のことを思い出したのかもしれないが、えみさんが「戸も閉まっており、外に行かなければ大丈夫」と話してやっと大合唱は収まった。

ご飯炊き

第三日目

朝食前に、子どもたちはひと仕事した。適当な小石を拾ってきて、その石で靴の中敷きをこするのだ。汗と泥が染みついて怪しげな臭いを放ちはじめた中敷きを取りだして、小石でていねいに汚れを落としていく。洗剤などはいっさい使わずに汚れを根気よくそぎ落とすのだ。仕事の成果は、こすり終えた中敷きの色が示してくれる。こうしたはっきりと仕事の成果が見える作業は、しっかりと仕事をするためのよい修練にもなる。三〇分もすると、きれいになった中敷きと靴が朝日のなかにずらっと並んで輝いていた。

靴の中敷き洗い

朝食は、昨日の和風スープの残りに剛《たけし》さんからいただいた初物の「ヌメリスギタケ」に味噌を加え、そこにうどんを入れたものだ。とにかく、残飯は出さないというのが因《もと》さんとえみさんの基本となっている。今朝のスープのように、翌日のことを考えて多めにつくっておくこともある。冷えた身体に、温かいうどんはやはりおいしい。

みんなが食べているところに健斗《けんと》が出てきた。昨夜はよく眠れなかった健斗は、いったん起きてからまたひと寝入りしていたのだ。短時間だがぐっすりと眠れたようで、顔色がよくなっている。うどんの丼を受け取って、えみさんと並んで食べはじめた。脇に座って食べている私に「これ、しようか、いいんですか」と聞いてきたので、「とてもいいよ。身体も温まるしね」と答えると、黙々と食べつづけた。何しろ、昨日の夕方から何も食べていないので、かなりお腹が空いているようだ。「おかわり」と言ったので、お鍋からたっぷりと入れてあげた。

これですっかり元気を取り戻した健斗、グランドの木々を指差して「きがあおぞらにたてたみどりのローソクみたいにみえるよ」と言って喜んでいた。

朝食後、因さんと六人の子どもたちが裏の森に出かけた。森の入り口に咲いているアキノキリン

おいしいうどん

ソウやノアザミの花を見たり、マツボックリを拾ったりしながら森に入っていった。しばらく行くと、四本のカラマツをうまく利用して、地面から一メートル半ぐらいの所にテラスのようなものが造られていて、そこには何とハンモックまで吊られていた。

それを目にしたとたん、子どもたちは突進していった。難なく梯子を上り、テラスの上をひとあたり見て回ってから、ハンモックに乗ろうといろいろ試していた。これまでにこんなハンモックに乗ったことがないらしく、どうやって乗っていいのか分からないらしい。何度か落ちながら、そのうちに何とか乗れるようになった。こうしたときは、まずはやらせてみるのが一番だ。

この森で午前中たっぷりと遊んで寮に戻ると、お昼になった。今日の昼食は、お母さんたちが差

森のテラス

し入れてくれた手づくりのパンだ。今年も、宅急便でたくさん送ってくれた。このパンに「おあぞらえん」がオーナーであるプルーンの木（長野県の果樹園と契約している）から採れた実でつくったジャムをたっぷりとつけて食べた。それに、昨日から仕込んでおいたカスピ海ヨーグルトも出た。

午後からは、午前中グランドで遊んでいた子どもたちも加わって全員で裏の森に出かけた。いっせいに「森のテラス」に上がってハンモックに飛びついたものだから、たちまちもめ事が発生。太郎さんが割って入り、順番を決めて乗ることになった。普段、魅力的な遊具がひとつだけという場面を体験したことがあまりないので、もうすぐ小学校に上がる「年長」の子どもたちにとってはよい学習のチャンスでもある。

この寮に合宿に来た小学生が造った茅葺きの小屋の屋根に、子どもたちが上っていた。二本のカラマツの木の間に横木がわたしてあり、そこへ下から斜めに丸太があてられ、屋根が茅でふかれていた。初めは斜めの木に登っていた裕貴が足を踏み外して屋根の上に落ち、落ちまいとして握った茅といっしょに下に落ちてしまった。屋根にぽっかりと穴が開いたのだが、それがおもしろいらしく、わざと屋根に穴を開けるという遊びになってしまった。

取り壊される予定の小屋だったので、そのまま見ていた。しばらくするとすべての茅ぶき屋根が落ちて、下からはカラマツの梢と空が見える骨組みだけの小屋になってしまった。すると今度はその骨組みに上って、そこからカラマツの木にからみついて下りるという遊びや、梁の上から飛び降りるという遊びがはじまった。

カラマツの木を伝って下りるという遊びに挑戦していたのは「年長」の岳だ。実に慎重に足元を探り、少しずつ下りていった。そして岳は、「ここなら安全」という所まで下りてから、そこから飛び降りた。こんなところにも個性が表れる。

いっきに飛び降りることに挑戦していたのは、「年長」の真衣子と朋花だ。真衣子はなかなか決心がつかず、身体を前に出しては引っ込めるという動作を先ほどから繰り返している。それを見ていたえみさんが、下から真衣子の手を軽く持って「飛び降りてごらん」と言うと、真衣子は安心して飛んだ。また上った真衣子は、今度も決心がつかずにもぞもぞしている。えみさんがまた声をかけた。

「梁に手でぶら下がるようにして、カラマツので

挑戦

っぱりに足をかけてそこから飛び降りろ！」

真衣子は、言われた通りに飛んで成功した。すっかり自信をつけた真衣子は、今度は梁からじかに飛び降りようと考えて再び梁の上に立った。高さは約二メートル。下は落ち葉が積もったふかふかの森の土だから足を痛める心配はないにしても、かなりの高さであることはまちがいない。

ついに、真衣子が飛んだ。しかし、かなりのショックを感じたようだ。かろうじて立ち上がったが、目がそのことをよく示していた。こうなると、さらにうまく飛んでみたくなるものである。真衣子は三度目の挑戦をした。それは、見事な着地だった。

このようすを小屋の梁の上でカラマツに寄りかかりながら見ていたのが朋花だ。えみさんの「朋花も飛んでごらん」のひと言で、タイミングを計ってさっと飛び降りた。真衣子の飛び降りるようすを見てしっかりと学習したようで、たった一回でうまく着地ができた。

四時すぎまで、少し暗くなりはじめた森で遊んだ。五時半ごろ、強力な援軍、恵理さん（卒園生の母）と冬香さん（手伝いの保育士）が到着した。これでスタッフはいっきに充実。

本日の夕食は、豚汁とひじきの煮もの、そしてかまどで炊いた熱々のご飯だ。子どもたちは今晩も実によく食べる。相変わらず「おかわり」の連発なのだ。いったいどこに入るのだろうかと驚くばかりだ。

夜まで、二層式の洗濯機が「ゴーロゴーロ」とけだるい音を立てていた。というのも、昨夜、子どもたちはこっそりと山のおいしい水をたくさん飲んだらしく、おねしょを連発したそうだ。それで洗濯量が多くなって、朝一番の洗濯だけでは間にあわず子どもたちが寝静まった夜にまた洗濯をしているのだ。長期の合宿ともなれば、こうした日々の洗濯は欠かすことのできない仕事となる。三日目の山の夜は、洗濯機の音とともに静かに更けていった。

第四日目

寝起き早々、真衣子と智士が大ゲンカした。真衣子の手の甲には歯形が付き、血がにじんでいた。智士は赤紫になった咬み跡を見て、まずいことをしてしまったという顔つきで立ちつくしている。因《もと》さんが真衣子を抱き、智士に「咬み跡をよく見るように」言った。それから二人にいきさつを尋ねたが、智士は情勢不利と思ったのかひとこともしゃべらず、真衣子はただ泣くばかりなので落ち着くのを待つことにした。

落ち着いたところで、二人や周りの子どもたちから事情を聞いた。原因は、バルーン遊び（おねしょマットの下に入って持ち上げて遊ぶ）をしていて、真衣子がバルーンのなかに入ったとたんにみんなが外から手を突っ込んで真衣子をはやし立てたりしたのだが、智士が度を超してパンチやキックをしたのだと言う。なかに入っていた真衣子には誰がしたのか分からなかったが、智士だと分かったとたん猛然とお返しをした。真衣子が智士に馬乗りになって責め立てたので、勝ち目がないと思った智士が噛みついたというわけだ。

「智士、こんなに血が出るほど噛むなんてひどいよ」と因さんが言った。そのあとは長い沈黙があって、「あやまりなさい」と因さんがひとこと言うと、小さな声だったが智士が「ごめんなさい」とあやまった。

因さんが「あやまれ」とまで言うのは稀なことだ。たいていは事情をていねいに聞いて、しばらくの沈黙のあと、当事者のそれぞれの思いが心のなかで確認できたとみるとそこで終えている。だから、因さんが裁判官の役割をすることはめったにない。当事者の子どもが事情をていねいに聞かれ、顛末が整理されるなかで善悪は自覚できると考えているのだ。

そのせいだろうか、ケンカも半端では終わらせない。ときには、激しくケンカをしているときに誰かが止めようとすると、「もうそれでいいの?」などと言ったりする。子どもの

「ごめんなさい」

ケンカは、積もりに積もったものが何かのきっかけで爆発することもあるし、理屈では説明できないような感情的な要因もある。それを保育者が裁判官になって、善悪を「大人の論理」で判定してしまうとかえってしこりを残すこともあるのだ。事実、子どもの多くのケンカはやり切らせればたいがいの場合そのあとはすっきりする。

今朝はこんなケンカがあったために、朝食は九時半すぎにはじまった。このあたりが「あおぞらタイム」で、その日の子どもの状態に「時間」をあわせるのだ。メニューは、海苔にレタス、ひじき入りの野菜巻き、とろろ昆布のご飯、ウインナー入りのスクランブルエッグ、そしてトマトとチーズだった。栄養満点のバランスの取れた朝食だった。

朝食後、子どもたちは栗の皮をむくという根気のいる作業をした。今晩のメニューが栗ご飯なのではりきって取りかかったが、一個をむくのに四～五分はかかるのでなかなか大変な作業だ。この「鬼皮」むきも大変だが、もっと大変なのが「渋皮」むきだ。こちらは、包丁を使うために大人たちが引き受けた。食事の準備もすべてお任せというのではなく、子どもができるところは子どもがするようにしている。「鬼皮」むきなどは三歳児でも時間をかければけっこうできるのだ。子どもたちは、コツをつかむとうまくむけるものだからおもしろがっていた。

「鬼皮」むきが終わると、ラウンジの雑巾がけがはじまった。因《もと》さんがお手本を示し、えみさんが「手の指を立てて」と教えている。

雑巾がけは、四つんばいになって、お尻を持ち上げて身体を両手で支え、手の指を立てて前に進むので身体づくりの観点からも有効である。最近では、家庭の日常生活のなかでこのような雑巾がけをまったくしていないと言っていいだろう。本来、人間の身体はこのような日常生活のなかでつくられていたと思うのだが……。

一列になって競走させたりすると、子どもたちは喜んで何度でも繰り返している。「あおぞらえん」では、普段からお弁当のときに手拭きタオルを各自で絞っているので、四、五歳児ともなれば雑巾もうまく絞ることができる。

北海道から、クール宅急便でサケが届いた。このサケをさばくという、この合宿での一大イベントが午後一番にはじまった。これは合宿の伝統的なイベントで、子どもの目の前でサケをさばいてみせるのだ。さばいたサケは、当然食材としても重要なものである。サケをさばくのは、そのために東京

みんなで雑巾がけ

からわざわざ車を飛ばしてきた因《もと》さんのご主人、隆雄《たかお》さんだ。

雨も上がり、玄関前に縁台を出してその上でサケをさばくことになった。子どもたちは、まさに固唾《かたず》を呑んで縁台の前に一列に座り、隆雄さんの一挙手一投足を見守っている。サケが縁台の上に乗せられ、隆雄さんの出刃包丁がキラリと光った。サケの腹に包丁を入れて切り開いていく。驚くほど大きな卵嚢が現れ、オレンジ色の卵、つまりイクラがたくさん入っていた。内臓も取りだされて、心臓の小ささにみんながびっくりした。隆雄さんの包丁さばきは見事なもので、頭が切り落とされたかと思うと三枚におろされ、やがてサケは切り身になっていった。

このあと、印象が薄れないうちに絵を描くことになった。寮内のコーナーに集まった子どもたちに画用紙がわたされると、待ってましたとばかりにみんな描きはじめた。実に、描きっぷりがいい。描きたいようにどんどん描いていく。「かけません」などと言う子どもはひとりもおらず、すばらしい

見事な包丁さばき

集中力を発揮して描いていく。ローアングルで私がカメラを近づけてもまったく気づかない。それは、あおぞら広場で遊びに集中している姿と重なって見えた。

描き上げると因さんの所に持っていって、それぞれ自分の絵について説明し、それを絵の裏に書き留めてもらった。シャケの絵として表現したことを充分に受け止めてもらったその表情はとても満足げだった。

今日の夕食は実に豪華だった。栗ご飯とサケの切り身の炭火焼き。子どもたちは夢中で食べていた。まさに、苦労して栗の「鬼皮」をむいた甲斐があったというものだ。夕食に大満足だった子どもたちは、その後いつものようにお風呂に入って、太郎さんに絵本を読んでもらって眠りについた。

さて、今日は千客万来で、合宿の見学に保育者や小学校の先生が来たり、午後には四人の「あおぞらえん」の先輩（第二期生、現在二五歳）までやって来た。それに手伝いの太郎さんを加えると、五人の同期の先輩がこの合宿に集まったことになる。

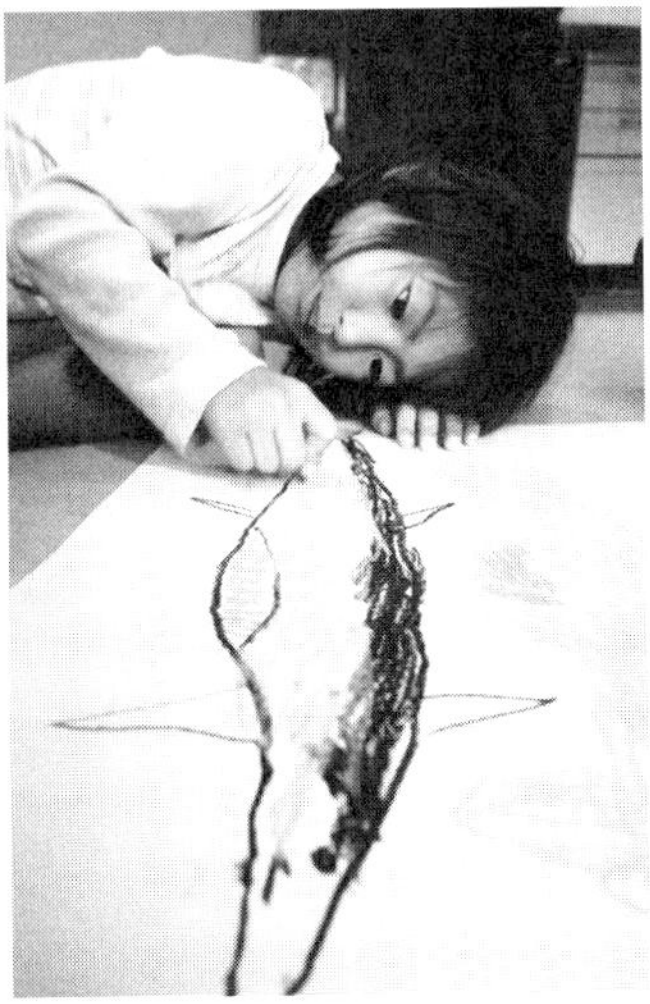

サケの絵を描く

第五日目

今朝も雨が降っている。朝食は、炊き立てのご飯にイクラをたっぷり乗せたイクラ丼だ。新鮮なイクラがおいしいので「おかわり」の声があちこちから上がる。「あおぞらえん」の子どもたちは朝からよく食べる。この衰えぬ食欲があるので、六泊七日の合宿ができるのだろう。

現在は、「食べる勢い」のない子どもたちが多い。食事に対して散漫で、好き嫌いが多く、とくに野菜などは食べようともしない。さまざまな要因が考えられるが、外でたっぷり遊んでお腹が空ききるという生活がめったにないことや「食わず嫌い」ということが挙げられるだろう。

「あおぞらえん」では、決められた時間が来たからと言って活動を止めてお弁当を食べるという習慣がない。活動に区切りがついたときやお腹が空いたとき、いわば「腹時計」でお弁当になるのだ。お腹の皮がくっつくほどの空腹感が食べ物に食らいつくような食べっぷりとなり、それがやがて習慣となってしっかりと食事をすることになる。また、常日頃から「みんなで食べる」ことを大切にしていて、「年少」の子どもたちが「年中」、「年長」の子どもたちの食べっぷりを見て、それを真

朝からイクラ丼

似していくということもあるかもしれない。

「あおぞらえん」では、「みんなで見る」ということも大切にしている。「見る」という行為は、他者を意識し、認めることへとつながる。今朝は、昨日描いたサケの絵をみんなで見ることをした。「この絵についてよいところを見つけてください」と、因《もと》さんが子どもたちに話しかけた。なるほど、批評とは欠点を見つけることではなく、よいところを見つけることだ。子どもたちは、よいところを見つけようと一生懸命絵を見て次々と発言していった。絵を描いた子どもは、自分も気がつかなかったよいところを見つけてくれるので気分上々だ。当然これは、そのまま個人と集団との関係づくりにも結びついていくだろう。

後日、園だよりの〈あおぞら〉にも掲載された子どもたちの感想を紹介しておこう。

このしっぽのもようがいい！（ゆい）
こういう模様あったよね（もとさん）
このくろいもようがいい（さとし）
このでっぱっているところがいい（けんたろう）
ともか、このでっぱているところは何？（もとさん）
はみだしちゃったの（ともか）

けんたろうさんは、そのはみ出たところが好きなんだって（もとさん）
…………（ともか）

そのあとは、室内で絵本を読んだり、ゲームをしたりして過ごし、昼食であるサツマイモの焼きイモをする準備にかかった。サツマイモは祖師谷公園の畑でつくったものだ。イモ掘りには少し時期が早かったが、二畝ほどを掘りだして合宿に持ってきた。

濡らした新聞紙にくるんだサツマイモをさらにアルミホイルでくるむ。五〇本ものサツマイモが一五分ほどですべてくるまれて、あとはたき火に入れるだけだ。おいしい焼きイモをつくるには、枝をたくさん燃やして「おき」の床をつくる必要がある。ここでは、卒園生たちが大張りきりでたくさんの「おき」をつくったところで、いよいよアルミホイルにくるまれたサツマイモの投入だ。「おき」の上に重ならないように置いていく。そして、その上にさらにシャベルで「おき」をかぶせていく。「おき」から出る遠赤外線でおいしく焼くのだ。入れてから四〇分ほどしたら、それはそれはおいしい焼き芋のできあがりだ。

子どもたちを呼び集めて、焼きイモの昼ご飯がはじまった。みんな、それこそ「ふうふう」言いながら湯気が立つ焼きたてのサツマイモを食べていた。寒い秋雨で冷えた身体が芯から温まった。今年の品種はベニアズマで、実にほどよい甘みのサツマイモだった。もちろん、「遠赤外線」の威力も大したものだった。

雨のなかで盛大に燃やしたたき火、夜だったらすばらしいキャンプファイヤーだったことだろう。子どもというものは火を見ると血が騒ぐようで、たき火の周りを飛び回っていた。

午後は、部屋で太郎さんに絵本を読んでもらったり、それぞれのお母さんから届いた大きな巻紙のような寄せ書きを読んだり、寸劇のようなことをして楽しんだ。雨は、降っては止み、降っては止みを繰り返していたが、天候が少しずつよくなっていることは谷間を上る霧の動きで分かる。今日はこのまま室内で過ごして終わりかと思っていたら、何と午後四時三〇分ごろ、「森の探検に行きます。雨具を着て玄関前に集まって」とえみさんが号令をかけた。

早速、雨合羽《あまがっぱ》を着て森に出かけた。あおぞら広場でもそうだが、雨の日は雨の日でいろいろな発見があって、天気のよい日とはまた違った楽しみがある。

池の水面を見ると「雨坊主」がよく見えた。できては消え

焼きイモ、できたかな

る「雨坊主」をみんなで楽しんでから森に入ると、今年は至る所にキノコが出ていて、さながらキノコを訪ね歩く散歩のようになった。

この散歩でタマゴダケに出会った。名前の通りまさに卵状態のもの、その殻を破って出てきた赤い球状のもの、そしてそれがさらに変身して傘が開いたものと、さまざまな時期のタマゴダケを見ることができたことは本当に幸運で、私にとっても感動の散歩であった。

えみさんと因《もと》さんが薄暗くなってきた小雨降る森のなかへと子どもたちを連れだしたのは、一日中室内にいたので、子どもたちのエネルギーが不完全燃焼状態になっていたと判断したからだろう。子どもの状況をリアルタイムで感じとって、それをただちに保育に反映させている。それに、小雨の薄暗い森のなかも見せたかったのだろう。

事実、この散歩によって子どもたちの五感はフル活動し、快適な室内とは違う雨の夕暮れの森は、心身の適応力をつけていくうえでも大いに役立つことだろう。

夕食は、具だくさんの焼きそばだった。食事が終わるとお風呂。えみさんが、「健斗さん、シャンプーが自分でできるようになったの」とうれし

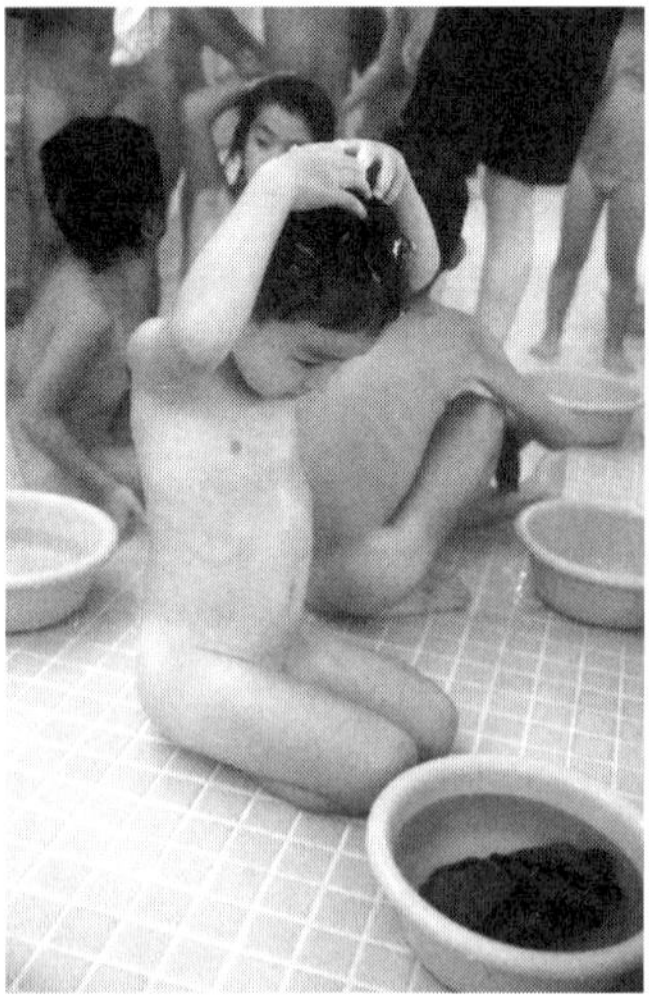

もう平気だ

そうに教えてくれた。

えみさんが容赦なく頭のてっぺんにシャンプーの液をボタボタたらすと、健斗は覚悟を決めたとばかり自分でシャンプーを開始した。去年、いやがって大騒ぎをし、大泣きしたことがまったく嘘のようで信じられない光景だった。ちなみに、そのあと頭からジャアジャアとお湯をかけられても平気だった。

雨の一日ではあったが子どもたちはたっぷりと活動し、ぐっすりと眠りについた。時計を見たら、今夜も八時前だった。

第六日目

今朝も小雨が降ってはいるが、天候はまちがいなく回復へ向かっている。

朝食後、タマゴダケが一日でどのような姿に変身しているのかを見に行った。子どもたちと昨日見た場所に行くと、タマゴダケにあまり大きな変化はなかった。子どもたちは、いろいろな所に行ってタマゴダケを探している。そのなかには、白い玉子の殻を割って出たばかりというタマゴダケもあった。森のなかをあっちこっちと歩き回ってみると、苔むした岩に囲まれた窪地に、実におあつらえ向きのダマゴダケの群落があった。そこには、まさに玉子段階のものをはじめとして、殻を割って少し顔を出したもの、赤い球状のもの、そしてオレンジ色の大きな傘を開いたものと、まるで各生長段階の標本のようなタマゴダケがそろっていた。

えみさんが、「ほら、ここを見てごらん、玉子のようでしょ、それがしばらくするとこんなふうになって……」と各生長段階を説明し、ちょっと顔を出したものを掘りだして「玉子」を丸ごと見せたりしていた。子どもたちにとっては、ただただ不思議と言わざるを得ないタマゴダケの変身過程だった。

タマゴダケを見たあとは、寮の裏手から北の森に行ってたっぷりと遊んだ。森のなかの遊びにすっかり満足して寮に帰ると、恵理《えり》さんと冬香《ふゆか》さんがピザの準備をしていた。生地を伸ばし、トッピングをしてアルミホイルでくるむという作業をていねいにしていた。太郎さんと相談した結果、かまどの薪をすっかり燃やしきって「おき火」状態にして、そこにバーベキュー用の鉄板を置いてピザを入れ、さらにもう一枚の

タマゴダケを観察中

鉄板で蓋をし、その上にも「おき」を乗せてオーブン状態にして焼くことにした。

しばらくして、初めのピザが焼きあがった。結果は、残念ながら「おき火」が強かったようでかなり焦げてしまった。しかし、そのあとは次第に火の調節がうまくなり、よい焼きあがりとなった。子どもたちはというと、みんな実に満足げであった。

夕方近くになり、帰り支度がはじまった。それぞれのロッカーから衣類など身の周りのものを取りだして運搬用の袋に入れ、各自が背負っていくものはリュックに入れた。明日は家に帰るといううれしさで、その作業も弾んでいた。夕食は、海苔を贅沢に巻いたおにぎりだった。

いつものようにお風呂に入って部屋に戻ると、押入れの使い方をめぐって「年少」の康静《こうせい》と「年中」の健斗《けんと》の激しいケンカがはじまった。お互いに顔をひねりあって、ヒョットコ

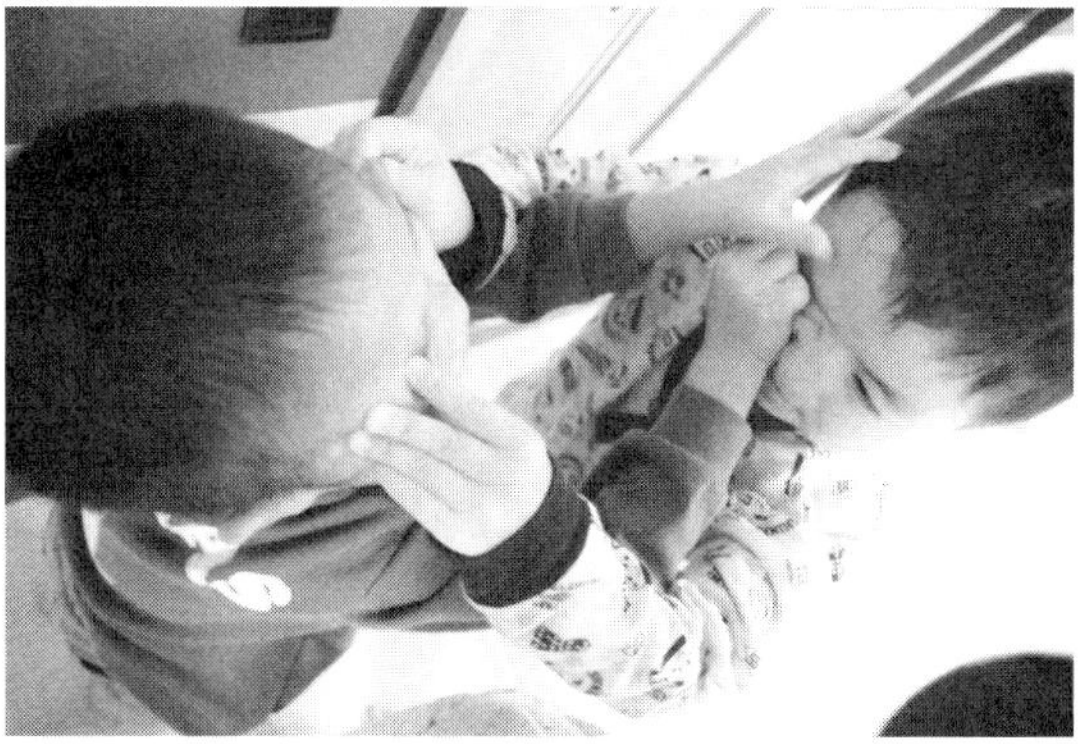

激戦中

のようになっていた。

　合宿生活で五日間もいっしょに寝起きしていると、お互いの地がむきだしになってくる。その結果ケンカになったり、「地」と「地」の付き合いができるようになったり、「同じ釜の飯を食う者」同士というような仲間意識が強まっていく。つまり、子どもたちそれぞれの内面に変化が生じてくるのである。えみさんと因《もと》さんが口をそろえて言う「四日目あたりからが大事なのよ」とは、このようなことなのだろう。

　子どもたちは、六日ぶりに家族に会える明日を楽しみにしながら眠りについた。

第七日目――帰宅の日

朝起きると、雨はすっかり上がって霧が東沢に沿って上っていた。天気が回復した証拠だ。

今朝は早起きして、お弁当のおにぎり用のご飯を炊き、えみさんと太郎さんが五〇個のおにぎりをつくった。そして、朝食はお餅入りの汁だった。帰り支度などで朝から忙しいときのメニューで、実にうまく工夫されている。

　朝食後、本格的に帰り支度が忙しくはじまった。おみやげにもなる「山のおいしい水」が各自の水筒に詰められて、洗面所の棚に置かれていた。食事などで使ってきたラウンジの掃除もして、無事に帰り支度が整った。

一〇時三〇分すぎ、リュックを背負って全員が玄関前に集合した。剛《たけし》さんと美紀さんへの挨拶が終わったあとで、子どもたちに思わぬプレゼントがあった。

「よかったら、軽トラで門まで送ってあげようか」と剛さんが言った。子どもたちは大喜びで、まだ「乗っていい」と言われていないのに我れ先にと荷台に飛び乗った。因《もと》さんもえみさんも、子どもたちの間に割り込むようにして乗り込んだ。軽トラは、子どもたちの歓声を乗せて門をめざして走り下っていった。子どもたちにとって、忘れられない思い出となったことだろう。

一週間前、楽しみと不安が入り交じった気持ちで入った門をあとにした。曲がり角で見えなくなるまで、剛さんと美紀さんが手を振って見送ってくれた。これから、山道を甲斐大泉駅まで一時間半ほど歩く。それも平らな道ではなく、いったん谷に下って「七曲がり」の急坂を登っていく。「行きはよいよい、帰りは怖い」ではないが、合宿を終えたばかりの身体で、いつもの荷物を背負ってちゃんと駅まで歩いていけるのだろうか。どうやら、その心配は無用なことがすぐに分かった。子どもたちはいつもと同じように山道を歩きながらいろいろなものを見つけ、それを楽しみながら歩いていった。

七曲がりの難所も元気いっぱいに通過し、富士山が見える見通しのよい所に来た。子どもたちがしきりに「ヤッホー」と叫んでいる。奈歩実が「ヤッホー、おかしちょうだい」と叫んでいた。そのあとで、「ママとちいちゃん（妹）のかお　かんぺきにわすれている」と歩きながらつぶやいていた。

ソフトクリーム屋さんの看板の所まで来た。みんなが食べたそうな顔をしていたら、「今日はお休みなのよ」と、店のおばさんがニコニコしながら言った。残念そうな顔をする子どもたちをかわいそうに思ったのか、おばさんは「そうだ、昨日の残りが少しばかりあるよ。それをあげよう」と言って店に入っていった。

しばらくして、冷凍されたソフトクリームを二本持ってきてくれた。子どもたちは大喜びだ。そのお礼に、道々で摘んできた花束をあげた。ありがたくソフトクリームをいただいて、それを代わりばんこになめながら甲斐大泉の駅まで残りわずかの道を歩いていった。コスモスが高原の秋風に揺れていた。

駅に着いてひと息ついていると、駅のおばさん（民間委託駅）が去年と同じように切符売り場の窓から顔を出し、「今

七曲りの坂で

年も来たのね」と声をかけてくれた。こんな時期には珍しい小さな乗客なので、覚えていてくれたのだろう。まもなく、二両編成のディーゼルカーが到着した。席に座ると、往きとは違ってまもなく居眠り半分になった子どもたちを乗せた列車はススキの高原を小渕沢駅に向かって駆け下りていった。

一二時三一分発、各駅停車高尾行きは、再び元気を取り戻した子どもたちを乗せて小淵沢駅を発車した。

一三時一五分、甲府駅着。やっとここでお弁当となった。だいぶ前から子どもたちは、「はらへった!」、「はらへった!」を連呼していた。朝つくったおにぎりが配られ、みんな目をすえて食べはじめた。衰えぬこの食欲は、因《もと》さんが「うんこ表」を付けながら日々行っていた排便の指導がうまくいった証拠でもある。

石和温泉駅で二人のご婦人が乗ってきて、子どもたちと背中合わせの席に座った。温泉帰りと見えて気分爽快といった様子だった。

まもなくそのご婦人方が、「へんな臭いがするわ。今、エアコンが入ったからそのせいよ。窓を開けましょう」と言って、よいこらしょと二人がかりで窓を持ち上げた。たしかに、異臭があたりに漂っている。窓から新鮮な空気が入ってきたせいか、その異臭はたちまち消えてなくなった。

小海線の車中で

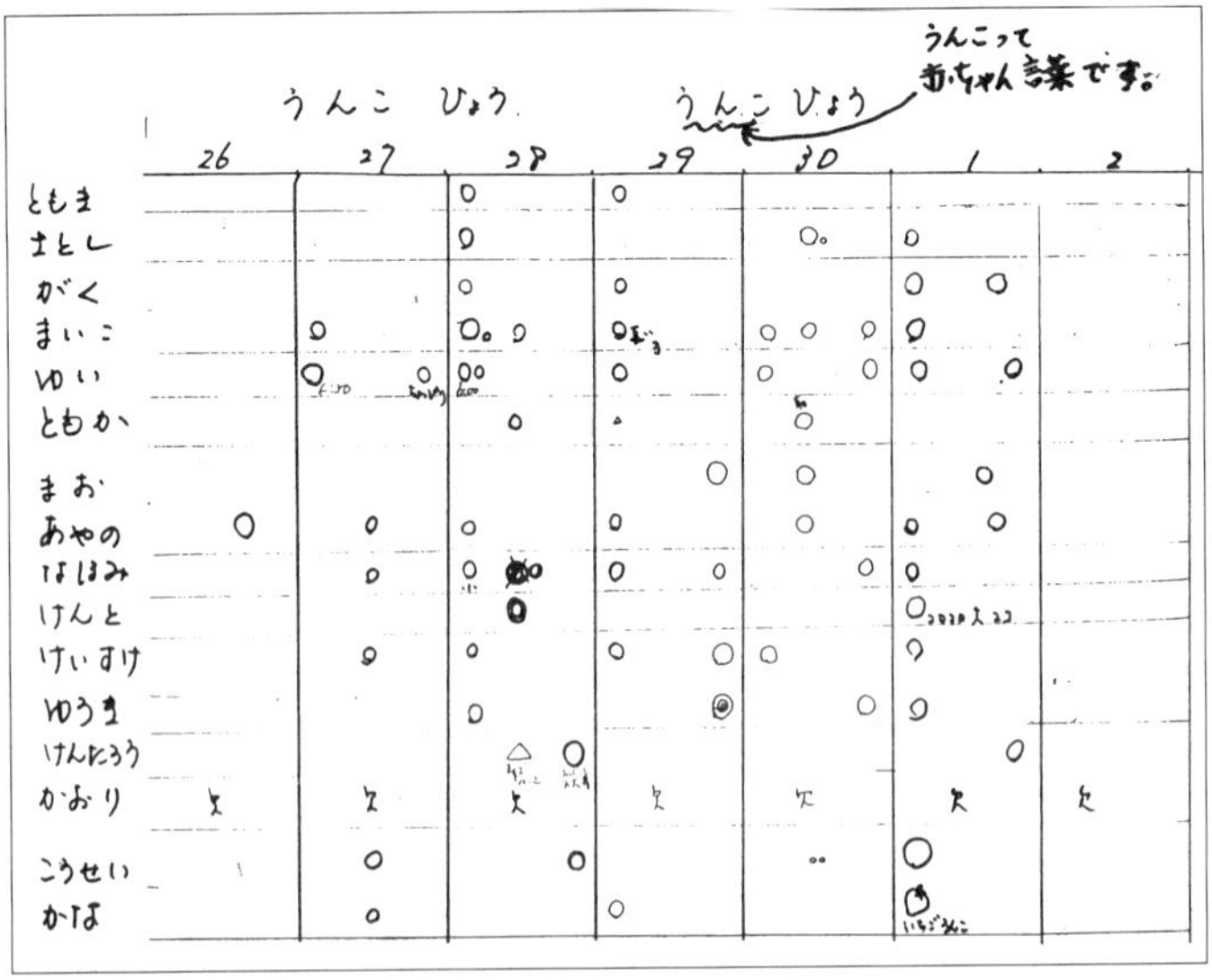

	26	27	28	29	30	1	2
ともま			○	○			
さとし			○		○。	○	
がく			○	○		○ ○	
まいこ		○	○。○	○	○ ○ ○	○	
ゆい		○ ○	○○	○	○ ○	○ ○	
ともか			○	△	○		
まお				○	○	○	
あやの	○	○	○	○	○	○ ○	
ななみ		○	○ ●○	○ ○	○	○	
けんと			●			○	
けいすけ		○	○	○ ○	○	○	
ゆうき			○	◎	○	○	
けんたろう			△ ○			○	
かおり	欠	欠	欠	欠	欠	欠	欠
こうせい		○	○			○	
かな		○		○		○ いちごうんこ	

園だより〈あおぞら〉（2007年10月２日、No.55）より

ご婦人方はまた窓をよいこらしょと下ろして、子どもたちと話しはじめた。ところが、突然「ぷう〜〜〜」という音とともにあたりにまた強烈な異臭が漂いはじめた。その音の発生源はというと、私の前に座っていた智士だった。私がにらんだら、「おならしたよ」と小声で白状した。

「アッ、またいやな臭いが……」と言って、ご婦人方がエアコンの吹き出し口を見上げた。黙っているわけにはいかないので、「すみません。子どもがおならをしましたと私があやまった。温泉帰りのご婦人には申し訳ないことをしたと思い、窓をいっぱいに開けて臭いを飛ばした。

智士に「あやまりなさい」と言うと、もじもじとばつが悪そうに頭を下げた。複雑な笑いを浮かべていたご婦人方も、臭いが消えると前と同じように子どもたちと楽しげに話しはじめたのでほっとした。きっと、智士はおにぎりを三個も食べたのでお腹の圧力が高まったのだろう。

この中央本線の各駅停車の窓は、両側の取っ手を持って上

景色が飛んでいく

げ下げする懐かしいタイプのものだ。だから、窓からちょっと頭を出して車窓風景を見ることもできる。子どものころは、よく「頭を出すな」と叱られたものだ。近ごろの締め切り窓の電車と違って、久しぶりに車窓からの風を感じ、列車の進行方向や飛び去っていく景色が見られた。各駅停車はすばらしい旅の友だ。でも、子どもたちにせがまれて、何度も窓を開け閉めすることになってしまった。

予定通り高尾駅に到着し、一五時一三分発の京王線の準特急に乗ることができた。そして午後四時に、お母さん、お父さん、家族の待つ仙川駅前の広場に帰ってきた。七日間という長い航海に出た一五人の船乗りたちは、今、母港に無事帰港したのだ。

この合宿は、家で待つお母さんやお父さんにとっても、改めて我が子のことをとらえ直すよい機会になっただろう。我が子が七日間も家族と離れて生活できたことは、きっと驚きとともに子どもの成長を実感したことだろう。そして、胸元

お母さんたちがお待ちかね

に飛び込んできた我が子に改めて愛おしさを感じたことだろう。

後日、連絡帳に書かれていたお母さんたちの声を一部紹介しよう。どのお母さん方も、我が子がとくに日常の生活面で成長したことを書いている。

「こんな短期間で（子どもにとっては長いと思いますが）すごい変化。トイレ、早寝早起き、シャンプー、ボタン掛け、着がえなどがスムーズに出来るようになりました」

「三度の食事の量がぐんと増えました。食べっぷりもなかなかで、気持ちがいいです。私は心配でしたが、『この子大丈夫じゃん』と思うことが出来ました」

「昨年は何もできない我が子を送り出す不安から動揺が凄まじかった私でしたが、今年もやっぱり動揺していたのか、冷蔵庫の野菜室にくつ下が入っていたりしてトホホでした。合宿後の変化といえば、ゆっくりと優しく話すようになりました。また、いつものように、ベタベタしてきません」

「すっかり自信がついたらしく、意欲的に何でもやっています。お手伝いは自分からすすんで、皿洗いから洗たく物をたたんだり、そうじもです。しかも、仕事がていねいでびっくりの毎日です。私もその間にリフレッシュできたのか、心に少し余裕ができたようです。今まで本心でいうと『お手伝いなんてよけいに大変』なんて思っていましたが、子どもと一緒にやれるって楽しいことなんだなと思えるようになりました」

イモづるファッションショー

祖師谷公園のなかに畑を借りて、毎年サツマイモをつくっている。秋になるとイモ掘りをするが、そのとき、長く伸びたイモづるが格好の遊び道具となる。普段から身近にあるものを使ってさまざまな遊びをつくりだしている子どもたちが、このイモづるでおもしろい遊び方を考えだした。

一つは、イモづるを頭に巻き付けて変身するというファッションショーだ。いつも草花を摘んでは花束をつくったり、髪に飾ったりしている由衣が、イモづるを頭と体に巻き付けて遊びはじめたのがきっかけで、髪飾り風に頭に巻いてみたり、全身に巻き付けたりしている。そしてもうひとつは、イモづるを何本か束ねて行う「イモづる引き」である。結構丈夫なイモづるは、引っ張っても切れないので、子どもたちは力いっぱいイモづる引きを楽しんでいた。

こうした場面では、子どもたちの発想力は実に活発に働く。固定観念にとらわれることなく、自由に発想してさまざまな遊びを生みだしてくる。子どもの発想力がもっとも生きいきと発揮される場面は、自然のなかでの遊びである。そこには、自由な発想を生みだすための素材がたくさんあるからだ。

子どもから学ぶことはさまざまあるが、こうした発想の新鮮さはその筆頭に挙げられるであろう。誰もが子どものころはそうだったのに、それが大人になると次第に事物を固定観念でとらえるようになり、イモづるはイモづるでしかなくなる。

子どもは、遊び心に満ちた存在だ。大人になってすばらしい科学的な発見や発明をした人たちは、異口同音に子どものころのこうした遊びの思い出について語っている。きっとその人たちは、大人になってもこの遊び心をもちつづけていたにちがいない。

雲を見る

サツマイモ畑の様子を見に行ったその帰り道、草の上に寝転がってゆっくりと雲を見ることにした。秋の空を雲が流れていく。「クジラ雲だ」「魚のホネ雲だ」「ウロコみたい」と子どもたちが口々に言う。高く、青くどこまでも広がる空を、さまざまな形の雲が並んで通りすぎていく。

子どもの時間は、本来ゆっくりと流れていたはずだ。「光陰矢のごとし」と子どものころに言われたが、まったく実感できなかったことを覚えている。でも、それがいつのころから次第に短く感じるようになり、年とともに加速していった。年をとったということもあるかもしれないが、大人の時間が社会的な諸関係のなかに存在していることにもよるのだろう。大人は、そのなかで忙しい日々を過ごしている。

ところが、最近の子どもたちに「一年って長い、それとも短い?」と尋ねてみると、意外にも「短い」と言う答えが返ってくることが多い。たしかに、今の子どもたちは忙しい。園や学校から帰ると塾やお稽古ごとに行き、なかには一週間すべてが埋まっている子どももいる。子どもたちの一日が、時間に追われてすぎていく。

「休日に何がしたい？」という問いに「寝ていたい」と答えた子どももいた。つまり、子どもの時代から時間に追われているのである。大人たちは、子どもから「子どもの時間」を奪っているのではないだろうか。

子どもというものは、本来ゆっくりとした時間の流れのなかでしか育っていかないようにつくられている。事物と五感を通して接したり、仲間とたっぷりと遊びながら自己形成をしていくのが本来の姿だ。そのためにも、ゆっくりとした時の流れが必要なのだ。

「あおぞらえん」では、いつも時間がゆるやかに流れている。特別な行事や活動でもないかぎり、「時間」に子どもを合わせることはない。

秋雨の日

今朝は雨が絶え間なく降り注ぎ、公園も霧雨に煙っている。子どもたちも雨合羽《あまかっぱ》を着て、公園に隣接する児童館の玄関先に集合した。

全員集まったところで公園に出かけた。晴れの日とは違った木々の姿を見に行くようだ。雨合羽を着て歩くことには慣れているので、雨だからといって外に行くのをいやがる子どもたちではなく、むしろどんなものに出会えるのかを楽しみにしている。

公園に行くと、散歩をしている人の姿もなく、静まりかえっていて、紅葉した木々や草たちが鈍く秋の色に光っていた。子どもたちはといえば、そうしたことより足下の水たまりのほうがおもしろいらしく、わざわざそのなかに入って楽しんでいる。シロツメクサの原っぱに来ると、子どもたちから歓声が上がった。無数にあるシロツメクサの葉の上に、雨水が小さなビーズの玉のようになって光っていた。子どもたちは、口々に「宝石みたい」と言いあっていた。

これだけでも、雨の日の公園歩きの成果は充分だったが、その先でえみさんがハナミズキの木が小さな赤い実をつけているのを見つけた。子どもの目線より上にあり、小さな実なので子どもたちは気がつかない。

こうした場面ではいつも、えみさんも因《もと》さんも子どもたちを呼び集める。枝をたぐり寄せ、赤い小さな実が雨に濡れてルビーのように光っているのを見せた。

美意識は後天的に形成されるものだ。だから、このようにして子どもたちといっしょに事物を見て、そこに美を発見し、それを子どもたちと共感しあうことは本当に大切なことだ。

なんともすばらしい出会いだった。ハナミズキにこうした実がなることを知ったことも大事なことだが、その美しさとも出会うことができたからだ。

大きな水たまり

雨上がりの朝、子どもたちがいつも水たまりができる所に飛んでいくと、期待した以上の大きな水たまりができていた。子どもたちは、こんな大きな水たまりだからきっと深い所があるにちがいないと思った。どれくらい深いのか確かめてみたいと思ったようだが、誰も入ってみるだけの勇気がなかった。

そこへ、えみさんが来た。水たまりの周りに立っている子どもたちを見て、「あら、今日は入って遊ばないの?」と声をかけた。子どもたちが「ふかいかもしれないから」と言うと、えみさんが「深いかどうかは調べてみなければ分からないでしょ」と少し意地悪そうに言った。

そう言われた子どもたちは、お互いに顔を見合わせている。こんなとき、えみさんは決まって子どもたちを挑発する。

「なんだ、あなたたち結構意気地なしなのね」とつぶやくように言った。

「えみちゃん、しらべてみてよ」と子どもたちが口ぐちに言うと、

「まあ、よく分かったわ。本当に意気地

なしなんだ」と、今度は大声で言った。

それを聞いたとたん、研太郎が意を決したようにひとりで水たまりに入っていった。人一倍自尊心の強い研太郎は、「意気地なし」と言われたことに我慢ならなかったみたいだ。一歩一歩なかに入っていく研太郎の長靴がどうなるか、子どもたちはかたずをのんで見ていた。えみさんの声が聞こえた。

「研太郎さんって勇気あるのね。見直しちゃった」

研太郎は、そんな声など耳に入らないというようすでそろりそろりと深さを確かめながら泥水のなかを進んでいった。長靴に水は入らず、研太郎はその朝の勇者となった。

落ち葉温泉

登園するといつものように水たまりのでき具合を調べに行った。雨の降り方によって大きさや形が違うからだ。

今朝の水たまりは、小さい丸い水たまりだった。まるで丸い鏡のようで、子どもたちの姿が水面に映って見えた。初めは枝でつついて波紋が広がるのを楽しんでいたが、えみさんがサクラの紅葉した葉っぱを拾ってきて、水たまりの縁に何枚か並べた。なんの変哲もない水たまりが、とてもおしゃれな水たまりに変身した。

それを見た子どもたちも、いっしょになって葉っぱを拾ってきては並べはじめた。まもなく水たまりの周りは紅葉したサクラの葉っぱで縁取られ、カラフルですてきな鏡のようになった。

ところが、子どもたちにはそれが温泉のきれいな「湯船」のようにも見えたようだ。そうなれば、早速、温泉に入ることにした。三人も入ればいっぱいになってしまう「湯船」だが、広場にできた「落ち葉温泉」に入って大喜びだ。

水たまりの縁を葉っぱで飾ったらさ

ぞかしきれいだろうと思ってえみさんが始めたことだったが、こんな「湯船」になるとは思っていなかったようだ。「まあ、あなたたちって！」と、うれしそうにそのようすを見ていた。

　子どもは、遊びのなかで身近にあるものをさまざまなものに見立てる。その自由な発想力にはまたも感心させられた。そして、こうした場面でえみさんがいつも見せる遊び心もすばらしい。

　秋の曇りの日だったせいか、それともお尻の冷たさが身にしみてきたのか、しばらくすると「落ち葉温泉」には入浴者の姿がなくなった。

落ち葉のマット

　秋、祖師谷公園は落ち葉のなかにある。木々の紅葉を愛でるのは大人で、子どもたちにとっての秋の楽しみは落ち葉のほうだ。子ども時代は、視覚的な美意識はまだ発達途上で、もっぱら遊びに役に立つかどうかに関心があるようだ。

　落ち葉は、ほかの季節にはない遊びのすばらしい素材である。大人は掃除が大変などと迷惑顔になるが、そんな大人たちは、自分が子どもであったころのことをすっかり忘れてしまっているのだろうか。ひと昔前までは、「落ち葉焚き」という言葉があるように、空き地などで落ち葉を山のように積んで燃やし、子どもたちはそこにサツマイモをつっこんで焼きあがるのを煙にむせ、目をこすりながら気長に待っていたものだった。

「あおぞらえん」の子どもたちも、ふんだんにある落ち葉を集めてマットのようにして遊ぶ。子どもたちは、石垣の下にいっぱい落ち葉を集めて、上から飛び降りたり、坂の下に山のように集めた落ち葉に向かって駆け下りてスライディングしたりと、実にダイナミックに遊ぶ。ときには、お母さんも子どもといっしょになって落葉まみれになって遊ぶ。「あおぞらえん」には備品のマットなどがないので、この季節ならではの「運動」ができることにもなる。

落ち葉は、たくさん集めると結構よい隠れ場にもなる。もぐり込むと姿が見えなくなるので、そこがまたおもしろい。北風が強い日には、横になって落ち葉を身体の上にかけると暖かな布団にもなる。

積んだ落ち葉を蹴飛ばしてどこまで行くかと競ったり、雪合戦のごとく「落ち葉合戦」も楽しむ。そして、日だまりで絵本などを読んでもらうときには座布団代わりにもなる。落ち葉の匂いとその感触をたっぷりと味わう「あおぞらえん」の秋である。

両方の足がやっと乗るほどの石が池のなかにある。

奈歩実は、この石の上に跳び移って、流れてくる落ち葉をしゃがんで取りたかった。しかし、岸からは一メートルほど離れている。上が丸くて靴幅いっぱいの石に飛び移るためには、絶妙とも言える身のこなしが必要とされる。勢いがつきすぎればそのまま前のめりになって池に落ちるし、勢いが足らなければ手前に落ちてしまう。まさに、ピンポイントで石の上にバランスをとって下り立たねばならないのだ。

奈歩実は、まず池の端に立ってその石を観察した。もし、その石が不安定なものならば、うまく跳び移ったとしても池に落ちるかもしれないからである。

「グラグラしていそうだな」と、奈歩実がつぶやいた。次に目測で距離を計り、跳ぼうという動作を何度も何度も繰り返していた。経験的に奈歩実には、このようなところへ跳び移ることの難しさが分かっているようだ。いよいよ跳ぶのかと思って見ていると、ふいっとどこかへ行ってしまった。

てっきりあきらめたのかと思っていると、五分ほどして戻ってきた。そして、また何度も首を動

かして目測をしていたが、意を決したように一気に跳び、見事にその石の上に跳び移った。
いかにも奈歩実らしい。奈歩実は、自分なりに自信がもてないことはしないのだ。実は、奈歩実がいない間に研太郎が跳び移ることに成功していたのだ。きっと奈歩実は、それをどこかで見ていたのだろう。あっさりあきらめないところも、いかにも奈歩実らしい。
これで奈歩実は、「流れ葉拾い」のための絶好の場所をひとり占めにすることができた。努力のかいがあったというものだ。
こうした一連の出来事は、「あおぞらえん」の子どもたち全員に影響を及ぼしている。ここが集団で遊ぶことのおもしろさで、仲間のすることは、見ていないようでもちゃんと見ているのだ。こうして、集団としての力量が高まっていくのだろう。

うまとび

懐かしい「うまとび」をしている。えみさんが「うま」になり、子どもが一人「あんこ」になっている。「跳び箱」を飛び越えるのとはちょっと違った感覚がある。跳び箱は、あくまでも「もの」を跳び越えるだけだが、「うまとび」では跳び越すときについた掌《てのひら》から人の骨格、肉付きや体温までも感じとることができる。また、跳び箱と違ってグラグラするところもおもしろい。「あおぞらえん」では、この「うまとび」が秋から冬にかけての遊びの定番となっている。

かつて、「うま」を長くつなげた「長うまとび」という遊びがあった。一九七〇年代半ばを境にして、子どもたちの冬の遊びの定番だったこの遊びが姿を消した。

二組に分かれてするこの遊びは、心棒（柱）になる子どもが壁や柱を背にして立ち、その子どもの股のあいだに首をつっ込むようにして二つ目の「うま」をつくり、その「うま」の子どもの股のあいだに次の子どもがまた首を入れて「うま」をつくるということを繰り返して長い「うま」をつくっていく。幼児は「うま」の下に入る「あんこ」と決まっていた。もう一方の組の子どもたちは、できあがった長い「うま」に順次飛び乗って前へ詰めていき、最後の子どもが乗り終えるとその子どもと心棒の子どもがジャンケンをして勝敗を決める。もちろん、心棒の子どもが勝てば交代となるわけだが、その前に、もしひとりでも落馬してしまったら同じく交代となった。このほかにも、いろいろとルールがあった。

この遊びから子どもたちは、「程度」というようなものを身につけていったように思う。わざと「うま」をつぶすために乱暴に乗ったりする子どももいたが、それがつづけば遊びそのものがシラケて終わってしまった。

今日も、オオバコのマットの上で「うまとび」を楽しんでいる。小学校の体育の授業でも手本になるような跳びっぷりである。

ジャンプ台

祖師谷公園にはいくつかのアスレチック風の遊具もあり、それでもよく遊んでいる。ただ、その遊び方というのがおそらく設計者の思惑とは違ったものであろう。

矢倉のような遊具では、設計者は丸太の階段を上がらせて、台の上から二方向に向けて付けられているすべり台を滑らせようと考えたのだろう。もちろん、そのかぎりではすべてが安全に配慮されており、たしかに怪我をする子どももいないだろう。しかし、毎日のように遊ぶとなると、子どもたちはこんな単純な繰り返しにはすぐに飽きてしまう。どの公園のすべり台でもよく見られることだが、子どもにとってはすべり台も上りルートなのだ。滑りやすいすべり台を見事に上りきるというのも子どもにとっては魅力ある遊びだ。

「あおぞらえん」の子どもたちは、このアスレチックをいろいろと応用している。たとえば、滑り台で鬼ごっこをしたり、丸太の階段をレベルにあわせた「飛び下り台」として利用している。高所

から「飛び下りる」ことは、子どもたちにとっては勇気の証《あかし》ともなる。

下は固い地面だから、着地したときに足のバネをきかせないといけない。初めから一番上の台から飛び下りたらまちがいなく骨折するだろう。しかし、子どもたちはちゃんと心得ていて、自分ができると思う高さから挑戦していく。

でも、ときには失敗することもある。先日、慶祐《けいすけ》は、着地にしくじって腕の骨にひびが入ってしまった。しかし、この経験は身体が覚えていて、その後、さまざまな場面でもっと大きな怪我にならないために役立つことになるにちがいない。

遊びのおもしろさは、設定された通りに遊ぶのではなく、いかに創造的に遊ぶかだ。遊具の設計者には、子どもがどのように遊んでも大きな事故にならないように周辺環境も含めて設計することが望まれる。となると、子ども以上の創造力が必要とされるかもしれない。

骨折した翌日、慶祐はすべり台を上っていた。

失敗は成功のもと

祖師谷公園内に小川があり、ささやかな流れだが、いろいろな遊びの舞台となっている。

大きな石の上から一メートル半ほど先の向こう岸まで跳び越える。大人でも、跳ぶのをちょっと躊躇してしまうような所だ。高さと幅の問題もあるが、もし失敗して、泥沼のような小川に落ちてしまったら始末が悪い。そう思うのは子どもたちも同じだ。

大きな石のお立ち台に上がったのは奈歩実だった。奈歩実は、慎重ではあるが思いっきりもいい。石の上に立つとすぐに跳び、川岸ぎりぎりの所に着地した。「年中」の奈歩実が跳べたとなると、先ほどから何度となくお立ち台に上がってはみたものの決心がつかないでいる「年長」の響《ひびき》にとっては名誉にかかわることになった。響の顔を見ると、「何が何でも跳んでみせる」という決意が表れていた。

ついに、響は跳んだ。そして、うまくいった。うれしくなった響は、走り戻って再びお立ち台に上がって、息を整えるまもなく一気に跳んだ。

しかし、これがいけなかった。彼の身体は空中で失速し、泥沼のまっただなかに。明らかに、一回目の成功に油断した結果だった。

とはいえ、ここで泣くことだけは「年長」としてのプライドが許さなかった。自分ではいだしてくると、水道の所まで無言で走っていった。

それを見ていたえみさんが、いっしょに泥を洗い流してくれた。ちょっと冷たかったが、洗えば気分爽快、春先のこと、裸では少し寒かったが、ころあいの枝があったので、とりあえず裸の大将になった気分で着替えが置いてあるところまで堂々と行進することにした。

失敗は成功のもと、だ。

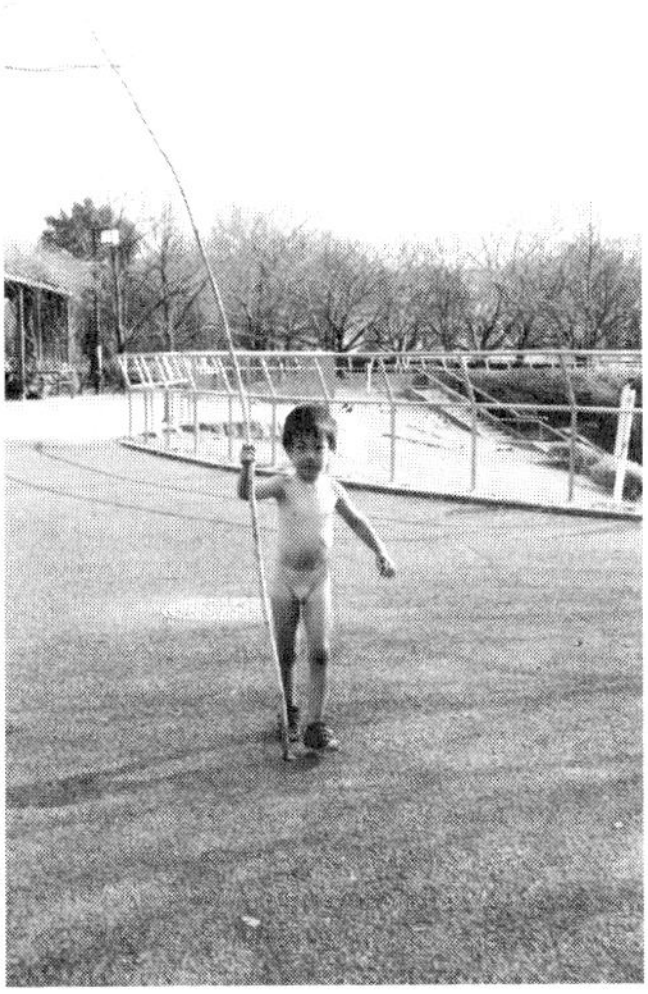

あおぞらキャンバス

　一九七〇年代まで、駄菓子屋の店先にはたいがい蝋石《ろうせき》が置いてあった。消しゴムを少し大きくしたような石で、道路や軒先のたたきにそれで絵を描いて子どもたちは遊んだ。強く描くと直ぐに減ってしまうので、大切に使っていたことを覚えている。塀などに描くと叱られたが、道路に絵が描けるのは子どもの特権とも言えるものだった。

　土の上では、棒で絵を描いた。学校で画用紙に絵を描くときとは違って、失敗をまったく恐れずに伸びのびと描いていた。もし、気に入らなければ靴で強くこすって消すことができたし、「キャンバス」はいくらでもあるのだから思いっきり好きなように描くことができた。

　現在、こうした子どもの姿はほとんど見られなくなった。道路で絵を描いていたりすると確かに危ないし、「道を汚くしないで」と叱られることもある。道路に絵を描いて遊ぶ

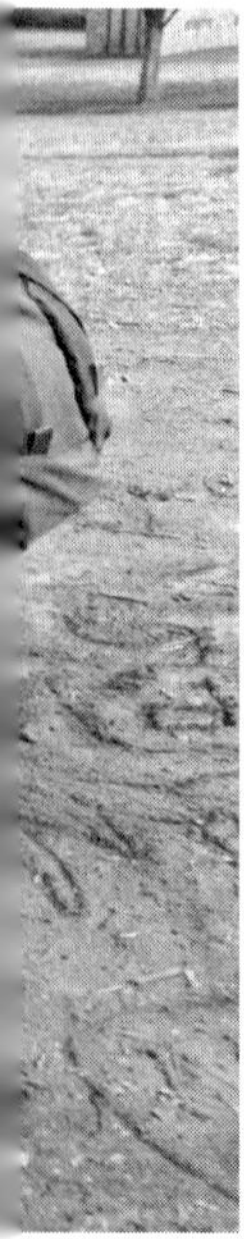

という「遊び」が失われてから久しいので、その楽しさを知らないで大人になった人がいてもおかしくはない。

「あおぞらえん」では、この文化が今も健在だ。蝋石こそ使わないが、地面に伸びのびと絵を描いている。雨上がりの湿った地面はキャンバスとしては最適である。林に行って適当な小枝を拾ってきて、日だまりの好きな所に陣取り、自分のキャンバスとする。必要になればいくらでも拡げられるところがいい。

いったん描きはじめるとすっかり絵の世界に入り、集中して描いている。普段からこんなふうだから、画用紙に絵を描くときも画用紙いっぱいに描き、絵柄も大きくて勢いがある。

絵本と子どもたち

子どもたちは、絵本を読んでもらうのが大好きだ。春は若草の上で、夏は木陰で、そして秋には落ち葉の上で読んでもらう。主な読み手は因《もと》さんやえみさんだが、ときにはお母さんやボランティアの読み手に読んでもらうこともある。

子どもが遊びのなかで獲得する力はきわめて有用なものだが、それだけでは、人間として成長していくのには不充分だ。絵本やお話に込められたメッセージを、子どもが吸収していくことが重要だ。それによって、日常の外にも世界が広がっていることを子どもは感じ取れるようになる。また、ファンタジーの世界は子どもたちの想像力を活性化させる。

さらに子どもは、絵本やお話から得たことを遊びとして取り入れて、新たな遊びを生みだしていく。だから、子どもは絵本

やお話が大好きなのだろう。「あおぞらえん」の子どもたちは、遊びとの切り替えもとてもよくできる。満足するまで遊び切ると、絵本を見るときにも集中できるようになるのだろう。「動」から「静」への切り替えがとても自然にできるのだ。遊びのなかで身に着けてきた「集中力」も、絵本を見るときに発揮されている。

雨の日は、必ず絵本の登場だ。公園に隣接している児童館の一室や、マンションの集会室で二冊、三冊と読んでもらう。

子ども絵本劇場

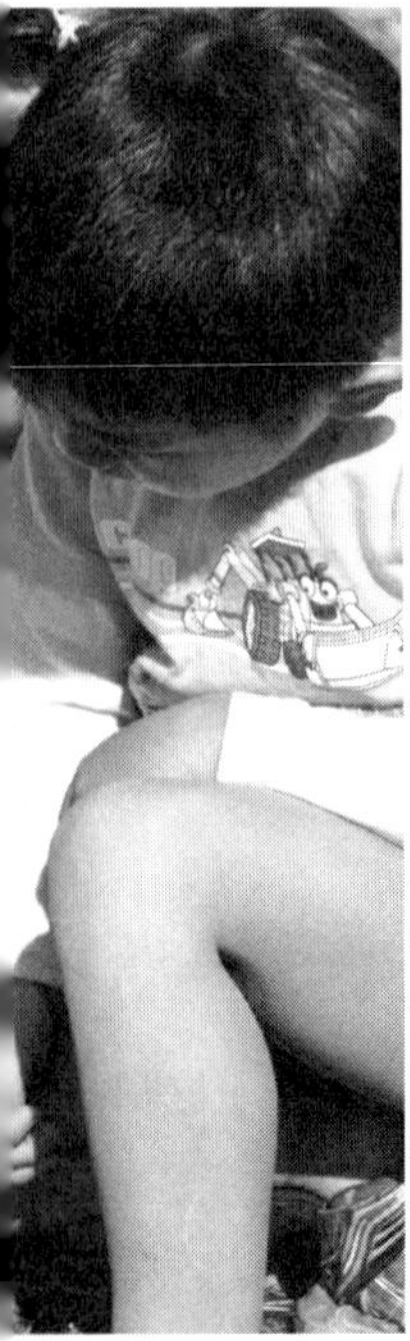

「年長」の由依は『カラスのパン屋さん』（かこさとし、偕成社、一九七三年）が大好きだ。そこで今朝は、みんなの前でそれを読もうと家から持ってきた。

「絵本を読むよ」と、由依が大きな声で言うと、近くで遊んでいた子どもたちが集まってきた。由依の「絵本劇場」のはじまりだ。

「いずみもりには、おおきな　きが　にひゃっぽん、ちゅうくらいの　きが　よんひゃっぽん……」と由依が調子をつけて読みはじめ、「ちいさい　きが　はっぴゃっぽん　ありました」とつづけると、「うわー」と驚きの声を子どもたちが上げる。それを聞いた由依はさらに調子を上げて、「そのきの　うえには、みんな、からすの　うちが　ありました」と読んだ。また、「うわー」と声が上がる。由依は、この反応にすっかり気をよくしてしまい、さらに先を調子をつけて読み進めていった。

　由依が、今朝一番にみんなといっしょに本を読みたかったのには理由

があった。「あおぞらえん」では、見たり、聞いたり、食べたりするときに常にみんなで楽しさを共有することを大切にしているので、由依はおもしろい本をみんなに知ってもらいたかったのだ。

　これは本にかぎらない。珍しいものがあったりするといつでも持ってきて、みんなに見せて楽しんでいる。『カラスのパン屋さん』は、かなり長いお話だ。子どもたちは由依が最後の文を読み終えるまでしっかりと聞いていた。由依が「おしまい」と調子をつけて言うと、子どもたちは拍手をして、また自分たちの遊びに戻っていった。

きかんしゃやえもん

「年中」の夏織が、みんなの前で『きかんしゃやえもん』（文・阿川弘之、絵・岡部冬彦、岩波書店、一九五九年）を読みたいと言いだした。口が重く、ほとんど自分からは話さない夏織がそう言いだしたとき、因《もと》さんとえみさんは本当にびっくりした。それというのも、二年ほど前、たね組（二歳児で毎週二日の保育）に入園したとき、まったく自分から話さずひとりで遊んでいるか、ただみんなにくっついているのが精いっぱいという、すべてが受け身の状態だったのだ。

その夏織が『きかんしゃやえもん』を読むというので、いつものように草原に腰を下ろして聞くことになった。夏織は、もじもじと前に進み出て、絵本の最初のページを開いた。そして、「ごっとんごっとん」とつぶやくように言って、次のページをめくった。そして、また「ごっとんごっと

ん」と同じようにつづけた。

因さんが、「かおりん、もう少し大きな声でお願いします」と言うとこっくんとうなずいて、今度ははっきりと聞こえる声で「ごっとんごっとん」とつづけた。

結局、最後のページまで絵本の文章とは関係なく「ごっとんごっとん」だけがつづいた。本を閉じた夏織が、少し恥ずかしげに席に戻った。そんな夏織にみんなは拍手を贈った。そこには、「ごっとんごっとん」を夏織の表現として受け止めることのできる子どもたちの姿があった。

夏織が『きかんしゃやえもん』に心を寄せたのは、居並ぶ新型の機関車のなかで自分の存在を主張した「やえもん」にきっと自らを重ねて共感したからだろう。入園して二年余りがたった今日、夏織は自分から「あおぞらえん」への仲間入りを果たした。

枝の家

幹の周りに枝を立てかけて「家」をつくった。大人から見ると枝が立てかけてあるだけのようだが、子どもたちにとっては自分たちでつくったりっぱな「家」だ。子どもは「見立てる」ことの名人で、大人になるとこの力が衰退してしまうらしい。

この遊びは、怜《れい》が一本の長い枝を見つけたことからはじまった。こんな長い枝は滅多に手に入らない。そこで、「長い枝探し」遊びがはじまった。あちこちを探し回り、初めは競って枝を集めていたが、やがてこの枝を使って「戦いごっこ」がはじまった。男の子たちがムキになってやるものだから、嫌気がさした綾乃《あやの》が「えだでいえをつくろう」と言った。

このひとことで、今度はみんなで家をつくることになった。

この家づくりで役に立ったのが、八ヶ岳での合宿で見た小屋だろう。小学生がつくった、カラマツの周りに枝が立てかけられて、屋根が茅で葺かれていた小屋のことだ。その側で綾乃は、カラマツの根元に小枝を立てかけてミニチュアの小屋をつくった経験があった。かつてどこかで見聞したことが下地となって、そのときどきの環境・素材・仲間にあわせて何かを創造するのだ。

合宿で見たように幹の周りに枝を立てかけてテントの骨のようにはしたが、残念ながら、茅は手に入らないので骨組みだけで「家」とすることにした。

「家」のなかはすでに満杯で、あとから来た由衣は入れてもらえなかった。それならと、由衣は隣に建て増しをすることにした。一本の枝を大事に持っていたので、それが役に立った。早速、枝を立てかけてひと部屋つくった。部屋はできたが、入ってみると隣の部屋の賑わいが妙に気になった。

虫の家

「あおぞらえん」の子どもたちは、拾った小枝を使ってよく遊ぶ。公園に遊びに来る多くの子どもたちが「お砂場セット」のような遊具を持ってくる。しばらくはそれで遊んでいるが、いつのまにかそれらは放りだされてしまう。

ところが、小枝や棒からは実にさまざまな遊びが生みだされる。小枝は小枝でしかないので、それを使って遊ぶとなれば想像力を活発に働かせて、遊びに役立つものに変身させなければならない。だからこそ、遊びが本来もっている「つくりだす」という楽しさを生みだしていくのだ。

今朝は、「年長」の瑛助《えいすけ》、晶大《あきひろ》、嘉人《よしと》に「年中」の岳《がく》

も加わって、「ムシが出てきたときのお家」づくりをしている。身近な「虫」と言えばダンゴムシやゲジゲジ、コオロギ、カマキリなどがいるが、秋も深まってくると姿が見えなくなった。そこで、もし虫が出てきても寒くないようにとつくっているのだそうだ。細枝をうまく組み合わせ、地面に突き立てたりして、実に熱心に根気よく、虫が喜んで住んでくれることをイメージしながらつくっている。

朝から一二時近くまでその「家」づくりに集中していた。そして、思い残すことなくやりきった。ところが、翌朝登園すると「虫の家」がバラバラになっていた。たぶん、そこに「虫の家」があることに気づかずに散歩に来た人や犬が踏んづけてしまったのだろう。

四人は、こんなことには慣れっこというふうで、その日もゆっくりと時間をかけて「虫の家」を再建していた。

赤ちゃん調べ

子どもは、触覚を通して対象を認識するのが得意だ。だから、道を歩くときはいろいろなものに触りながら歩く。ところが、たいていの場合は「汚いから止めなさい」などと言われてしまう。大人にとってはわざわざ触ってみる必要はないのだが、子どもにとっては大切な対象認識のチャンネルがこれでふさがれてしまうのだ。そこで、大人の目をそっと盗んで触ってみることになる。

園児の家で赤ちゃんが生まれた。しばらくして、お母さんといっしょに連れてこられた赤ちゃんを見て、子どもたちは興味津々だ。お母さんは久しぶりに園に来たので少し離れた所でほかのお母さんたちと話しこんでいた。何人かの子どもたちが赤ちゃんを取り囲んで最初は覗いていたが、やがて触ってみたいという衝動を抑えられなくなった。

恐るおそる赤ちゃんの手に触れたりしていたのが、

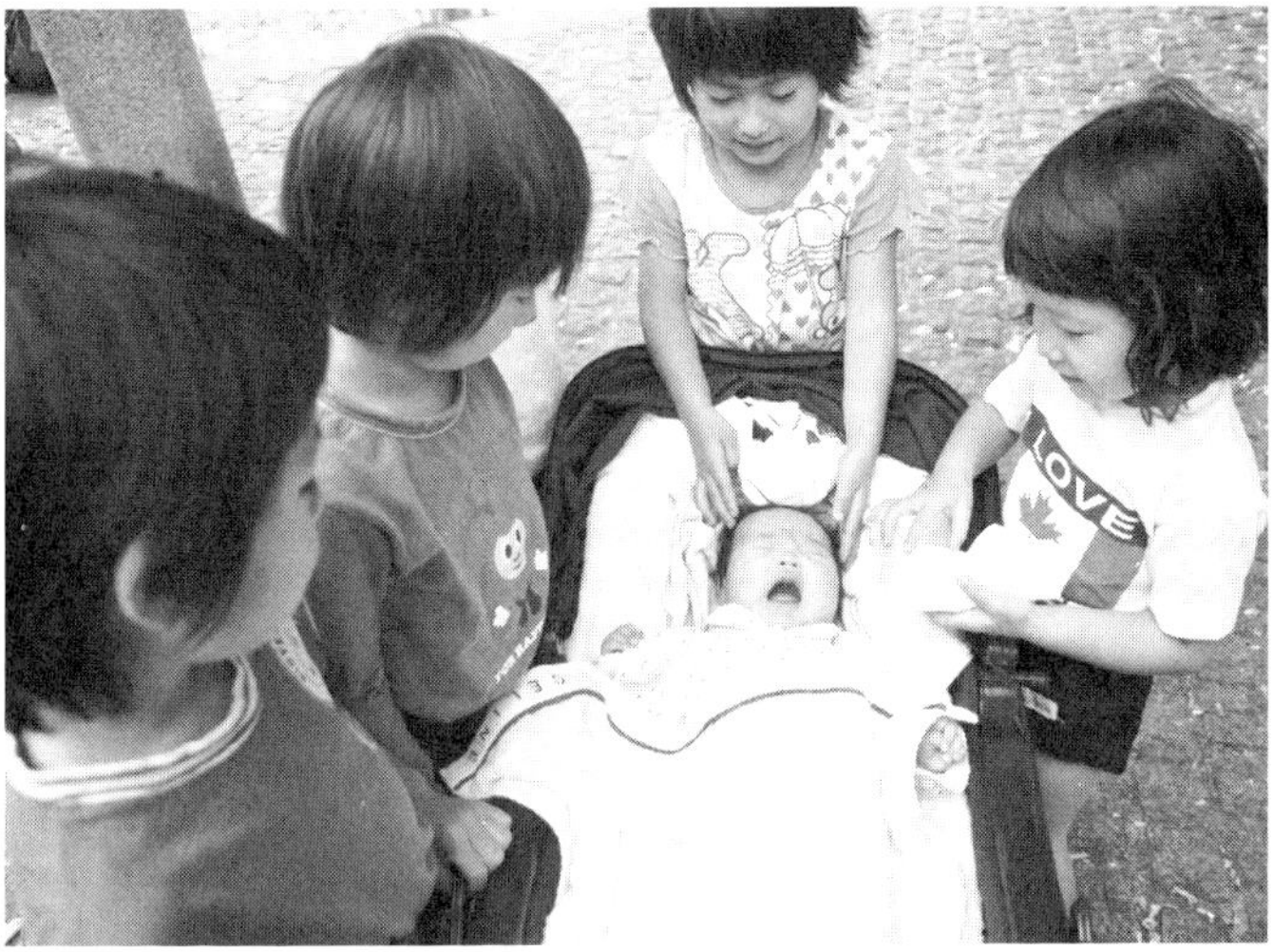

だんだんエスカレートして、髪の毛や顔を触りだした。赤ちゃんの手は柔らかく、髪の毛も綿毛のようで、その感触を通して子どもたちは新しく誕生した命を感じとったにちがいない。

しばらくすると、髪の毛をなで回したり、ちょっと引っ張ってみたり、頬をなでてみたりして赤ちゃんの反応を見るようになった。その行為は、かわいい赤ちゃんに触ってみるということから一歩進んで、生まれたばかりの生命体に対する好奇心そのものだった。

赤ちゃんが、子どもたちの怪しげな手の動きを感じとって泣きだした。すると子どもたちは、その手を引っ込めて「赤ちゃんが泣いています」などとすまし顔でお母さんに知らせに走っていった。

あやとり

かつてあやとりは、お手玉、おはじきなどとともに冬の日だまりでの遊びだった。今では、これらの遊びの伝承は途切れてしまい、昔のように子どもから子どもへ受け継がれるのではなく、大人たちが細々と子どもたちへ伝えている。

そんななか、「あおぞらえん」では冬の遊びとしてあやとりが健在だ。この遊びを持ち込んでくるのは女の子たちだ。やはり、たいがいはおばあさんやお母さんから教わってくる。普段は走り回って遊んでいる男の子たちも、「先生」の前に立って真剣に紐の取り方を教わっている。「はしご」、「ほうき」、「かわ」、「はし」といった技は、初めての子どもに

とっては手品のように見える。

　ゲーム機のようにただボタンを操作するだけではなく、紐がどのような手順で取られていくのかをすべて目で追うことができる。決まった手順による取り方があり、簡単なように思えるが、いざやってみるとなかなかうまくいかない。だからだろう、うまく紐が取れて、めざした形ができたときには大きな喜びが感じられる。

　ひとりであやとりを楽しむのもいいが、二人でするあやとりは瞬時に息をあわせて糸を取りあう緊張感とリズム感を必要とする。この「共同作業」を通して、いっしょに遊ぶ楽しさを味わうことができる。そして、知らずしらずのうちに、「手順」「呼吸をあわせる」といった日々の生活で必要とされる技を身につけていくことだろう。

コマ回し

コマも、あやとりと同じような状況にある。コマ回しのように技術のいる遊びは、異なる年齢の集団のなかでその技術が伝承されていくのだが、今はそれが絶えてしまっている。

ベイゴマやメンコなどは路地裏の遊びで、かつては小学校の高学年の子どもから幼児までがいっしょになって遊んでいた。幼児などはまさに「みそっかす」で、先輩たちが勝負している脇でウロチョロしていた。でも、それだけで幼児たちは仲間に入れてもらった気分でいた。この「ウロチョロする」ことが大事なことで、その場の張りつめた「ホンコ」(勝てば相手のコマやメンコを戦利品にできた)の雰囲気を感じながら先輩たちのやり方を見よう見まねで覚えていった。やがて小学生になり、学年が上がっていくとその腕前もめきめきと上達していった。

「あおぞらえん」でもこのあたりの事情は同じである。先輩といっても二、三歳の年齢差だから、かつての路地裏集団の小学生が習得していた腕前の差とは比べものにならない。しかし、それでもそれなりに楽しめるのがコマ回しだ。「独り楽しむ」と書いて「独楽《コマ》」とはよく言ったものだ。

毎年、冬になるとえみさんや因《もと》さんがコマを回してみせたり、「年長」の子どもたちが「サラゴマ」とか「カンゴマ」を持ってきて遊びはじめる。最初に紐をうまく巻かなければならないが、これがなかなかできなくて、やっと巻けてもうまく回るとはかぎらない。木ゴマなら土の上でもよく回るが、カンゴマなどでは芯が細いのでうまく回らない。そこで、よく回るようにピクニック用のシートを敷いている。

紐巻きに苦労し、回すのに苦労し、何度も何度もやって少しずつ回るようになる。だから、うまく回るとうっとりと眺める姿は、今も昔と変わらない。

安定して回っているコマの様子を「コマが眠っている」と、昔、子どもたちは言っていた。

ぶんぶんゴマ四個回し

「ぶんぶんゴマ」は伝統的な遊びのひとつだ。ボール紙を丸く切って紐を通してつくるのが普通だが、ボタンに紐を通してつくったり、さまざまな素材で形も工夫をしてつくることができる。

冬休みに「ぶんぶんゴマ」をつくって遊ぼうと私が材料を提供したのがきっかけで、三学期には「ぶんぶんゴマ」に熱中する子どもたちが出てきた。初めは、回せるようになるまでひと頑張りしなければならない。コツをつかめばおもしろいようにうなりを上げて回るのだが、それまではひたすら練習しなければならない。

「コマ」と言っても両指にかけた糸を引っ張って回すものなので、幼児でもコツをつかめば簡単に回すことができる。バランスさえとれていればどんな形に厚紙を切っても回すことができる。回転することによって、コマに塗った色が変化して見えるのもおもしろい。

ある日、因《もと》さんが『びゅんびゅんごまがまわったら』（作・宮川ひろ、絵・林明子、童心社、一九八二年）という絵本を読んで聞かせた。登場人物の「校長先生」が子どもたちの前で一度に四個のコマを回して驚かせたという話の絵本だ。これを見た「年長」の晶大《あきひろ》、瑛助《えいすけ》、嘉人《よしと》は、家で秘密練習をして、二個、三個、そしてついに「校長先生」と同じ四個のコマを同時に回せるようになった。

実は、四個の同時回しなどはフィクションの話であり、実際に子どもにそんなことはできないだろうと思っていた。ところが、回してしまったのだ。みんなの前で四個回しを成功させたいという気持ちがその努力を支え、身体に覚えこませていったのだろう。それにしても、その努力には脱帽だ。「あおぞらえん」の子ども集団は、こうした努力に対するエネルギーの供給源にもなっている。

おしくらまんじゅう

子どもたちの遊びのなかで、お互いの身体と身体が触れあうということが圧倒的に少なくなった。たとえば、すでに伝承が切れてしまった「Ｓケン」という遊びは陣取り遊びの一種で、敵味方に別れてケンケンで一騎打ちをしたり、陣地内ではみんな集団で取っ組み合いをした。また「宝取り」という遊びでは、それこそ押したり突いたり、取っ組みあったりで、まさに身体まるごとを使っての遊びだった。だからそこでは、お互いの体温やつかんだ身体の感触、汗の匂いや皮膚のべたべた感などをリアルに感じとることができた。

幼児時代には、言葉を通してお互いを理解する前にこうした動物的ともいえる感覚で相手を感じ取ることが必要だ。それは、やがて言葉がその役割を担うときに人としての温かみを与えることになる。人と人とのコミュニケーションが、携帯のメールに象

徴されるようにますます間接的になってきている現代にあっては、こうした経験を幼児期にたっぷりとさせておきたい。

えみさんが、草原に腰を下ろしているところに子どもが勢いよく抱きついた。思わずえみさんは仰向けになってしまった。すると、子どもたちが目ざとくそれを見つけて走り寄り、えみさんの上に覆い被さるように次から次へと乗り、あっというまに「子どもの山」ができた。

寒い朝に手と手をつないで輪をつくり、くぐりあって身体を絡ませて遊ぶこともある。次第に「おしくらまんじゅう」のようになっていき、身体と身体を絡ませた子どもたちは押したり引いたりして遊んでいた。こんなときの子どもたちの顔つきは、言うまでもなく開放感に満ちている。

トカゲ

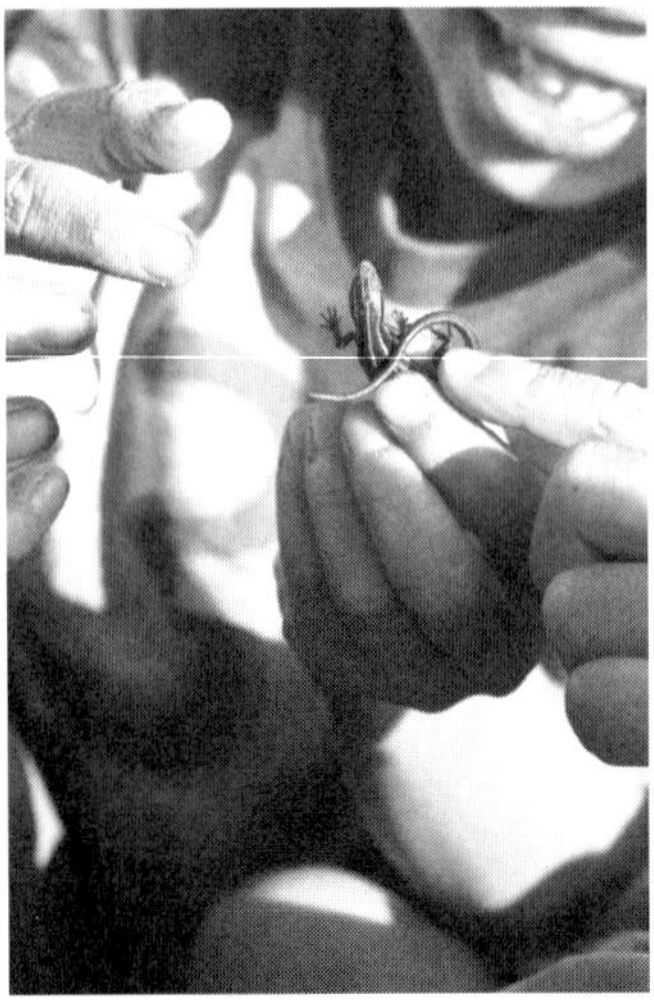

ザリガニだけでなく、子どもたちの身近な所からさまざまな生き物が姿を消してしまった。トカゲは、いまや子どもたちにとっては魅力ある身近な生き物のひとつだ。怪獣のミニチュアといった姿といい、日の光を受けて怪しげに照り輝く色など、子どもたちは大いに刺激されるようである。同じように、カナヘビも人気だ。私たちの子どものころとは見方が違うようで、今の子どもたちはトカゲを「かわいい」と言う。それを捕まえて「ペット」として遊んだり、大事に持ち歩いたりしている。どうやら、テレビやアニメのキャラクターの影響かもしれない。

ひと昔前までは、子どもたちはトカゲなどをあまり相手にしていなかった。魚捕り、ザリガニ捕り、カエル捕り、セミ捕り、トンボ捕り、バッタ捕りと、

捕まえる生き物には事欠かなかったのだ。だから、路地などで遊んでいてたまたまトカゲを見つけたりすると、その姿に薄気味悪さを感じてにわかに攻撃的になって、すばしこく逃げるトカゲを捕まえていた。ご存じの通り、トカゲは尻尾を切って逃げる習性がある。その切り離された尻尾が勝手に動くのを見ておもしろがっていた。

「あおぞらえん」の子どもたちも、トカゲを見つけたら逃すことがない。みんなで追いかけて、トカゲに負けない機敏さでもって先を争って捕まえる。捕まえた子どもがそのトカゲの所有者となり、ほかの子どもは頼んで持たせてもらったりしている。ときには、何人かで細い枯れ枝を拾ってきて「トカゲの家」と称する囲いをつくって遊んでいる。

トカゲにとっては災難なことで、尻尾を切られたほうがありがたいと思っているかもしれない。

道草

街角で切り株に出会った。こんなおもしろそうなものに出会って道草をしない手はないとばかりに、何人かの子どもたちが切り株に登りはじめた。簡単に登れると思ったようだが、どうやらそうはいかないようだ。そうなると、子どもたちは「これはおもしろい」とばかりに切り株登りに挑戦しはじめた。順番に挑戦していくため、最後の子どもが登るまでに約二〇分の道草となった。

えみさんと因《もと》さんは、まったく予定外のことが起こっているにもかかわらず、この出会いを子どもたちといっしょに楽しんでいた。

街歩きの楽しさは、まさにこのような出会いにあると言っていい。街にはおもしろいものがたくさんある。かわいいネコに会えたり、うるさく吠えつくイヌに出会ったり、卒園生のお母さんにめぐり会ったりと、いろいろな出会いがあるだけでなく、この切り株のように遊べるものに出会えれば大いに楽しむことができる。

だから、街を歩くとき何かおもしろそうなものはないかと常に探

しながら歩くことになる。これは、目的地をただひたすら目指して歩くのとは大違いで、子どもたちの目線が四方八方へ生きいきと働くことになる。

乳児時代から映像があふれる現代では、「見る」という行為が知らずしらずのうちに受け身なものになってしまっているが、このようにして街を意識的に見ることが習慣化されれば「道草」には想像以上の価値があるのではないだろうか。

道草の結果、お弁当の時間が一時すぎになってしまった……。

自転車運転免許試験

「あおぞらえん」では、免許証を取らなければ自転車で登園してはいけないことになっている。家で練習して、自信がついたら受験を申しでる。今日は、奈歩実の試験日だった。朝から奈歩実は、その試験が楽しみでもあり心配でもあった。

いつものようにひと遊びしたあとで、因《もと》さんが「今から奈歩実さんの自転車免許試験をします。みんな集まって座ってください」と少し改まった調子で言って試験の開始を告げた。奈歩実以外の子どもたち全員が試験官だ。小さな試験官たちが、藤棚前の石畳に腰を下ろした。

いよいよ試験の開始だ。因さんがまた改まった口調で「奈歩実さん、自転車に乗ってコースをひと回りしてください」と言うと、奈歩実はでこぼこした石畳のコースをさっそうと走ってみせた。その姿をしっかりと目で追っていた試験官たちがうなずき、文句なく一次試験の合格だ。

因さんが、「今度はリュックを背負って走ってください。手前の木と奥の木の間を8の字をかいて走ってください」と言った。弁当や着替えが入ったリュックを背負って登園しなければならないので、当然ともいえる試験科目だ。

この試験は、8の字に走ることでハンドル操作が難しくなることや重心が高くなって走行中にふらつくことをみんなが知っているから、どうなるかと固唾《かたず》を飲んで見守っていた。そんななか、奈歩実は安定して8の字をかいて乗ってみせた。それどころか、余裕で三回りもしてみせた。

因さんが、「どうですか?」と試験官たちに聞いた。試験官たちは、口をそろえて「合格」と叫んだ。

憧れの「免許証」は、後日みんなの前で奈歩実に手渡された。そこには顔写真が貼られ、「じてんしゃうんてんめんきょしょう」と書かれていた。これから自転車で登園するときには、この免許証を首から下げていないと違反となる。

理不尽なこと

縄跳びの「長縄」が奪われようとしている。二人対五人では勝ち目はないが、「長縄」を初めに取ったのは自分たちなので、意地にかけても譲れない。よくあることだ。このようなもめ事が起こったとき、えみさんも因《もと》さんも「裁き」に出ることはない。それは、遊びでのもめ事は子どもを成長させていくチャンスであると考えているからだ。

横取りされて悔しかったら、精いっぱい抵抗してみることだ。ひょっとしたら相手があきらめるかもしれないし、友達が助けに入ってくれるかもしれない。それに、仮に抵抗むなしく奪われてしまったとしても、悔しさとともに「やるだけはやった」という思いが残る。何の抵抗もしないで、おめおめと取られてしまうのとでは大違いだ。

子どもの遊びの世界にはこうした理不尽なことが

あり、そのなかで悔しさに耐えたり、闘ったりすることを身につけていく。こんなときに二人の保育者が黙って見ていると、公園に来る人のなかには「なぜ、早く止めないのか。あなたたちは、先生でしょ!!」とわざわざ注意する人もいる。事実はその逆で、「他力本願」という言葉がある通り、止めに入れば子どもは誰かが助けてくれることを期待するようになる。その結果、子どもの自立心が損なわれることになる。

よくしたもので、さんざんやりあってひと泣きしたあとは、さばさばとして次の遊びをはじめるのが子どもである。翌日、立場が変わって「加害者」になることだってある。

こうした一見混沌とした遊びの世界で、子どもたちは理不尽なことにも耐え、それを乗り越え、時間はかかるがお互いを認めあって成長していくのだ。

二〇キロの遊歩——野川遠足

　毎年三月に行われる「野川遠足」は、朝九時半に仙川駅を出発し、調布市菊野台から野川沿いに「野川公園」をめざして歩く、往復で約二〇キロの遠足である。「野川遠足」は、いわば一年間の街歩きの仕上げである。出会いの楽しさもいっぱいあるが、この長距離を一日かけて歩き通すことへの挑戦なのだ。

　たいがいの遠足では、歩くことは目的地へ行く手段でしかないから、できるかぎり道草をしないでまっすぐ歩くことになる。しかし、「あおぞらえん」ではここが逆転している。というより、道草が目的と言っていいほどだ。道草を楽しみながら目的地をめざすわけだから、この遠足は長時間となる。このやり方を支えているのは、保育者の長年の経験から来るコース全般についての「読み」だろう。

●都立野川公園

　東京都調布市、小金井市、三鷹市にまたがる元国際基督教大学（ICU）所有のゴルフ場跡地に造られた都立公園で、園内にはデイキャンプ場、わんぱく広場、アスレチック、湧き水広場、自然観察園、テニスコートなどがある。コナラ、クヌギ、アカマツ、クスノキ、サクラなどの高木が約8,000本もあり、緑が豊かである。園内を野川が流れている。野川沿いには遊歩道が整備されている。JR 中央線武蔵境駅などが最寄り駅。バーベキューの申し込みは、野川公園管理事務所（042-231-6457）に前日までに申し込む。有料駐車場あり。

三月一日、午前九時三〇分、今朝は仙川駅近くの「なかよし広場」に集合だ。お母さんたちに見送られて、午前九時四五分約一〇キロ先の野川公園をめざして出発する。初めは道幅が狭くて車の通りが激しい道を歩くので、車に注意しながら一列で進んでいく。

まもなく住宅街の道に入ると、子どもたちもほっとしておしゃべりがにぎやかにはじまった。やがて武蔵野台地の端に出ると、見晴らしが一気に開ける。眼下に町並みが箱庭のように広がり、遠くには富士山までがかすかに見えた。こんな絶景ポイントを、「あおぞらえん」の子どもたちが素通りするわけがない。みんなでゆっくりと景色を楽しんだ。

そこから急な階段を下りて街中を進んでいく。細い道が多く、車が来ると「にんじゃ」という合図でみんな道の脇によって車をやりすごす。まさしく、忍者が壁に張りついているイメージだ。

しばらくすると「品川道」に出た。ここからは、道幅も広

台地の端で

く歩道があるので安心して歩ける。早速、「年中」の真桜《まお》が白い花のタンポポを見つけた。道を歩くことは、何かおもしろいものや珍しいものはないかと探すことでもある。

民家の入り口にジンチョウゲが咲いていた。因《もと》さんが足を止めて、「みんなかいでごらん。いい匂いがするよ」と子どもたちに声をかけている。ちょうど背の丈ほどのジンチョウゲの花に鼻をつけて、子どもたちが真剣にかいでいる。因さんが「このジンチョウゲ、今年はきれいね」と言う。なるほど、毎年来ているとこんなことも分かるようだ。

午前一〇時四五分、野川に架かる橋の所に着いた。ここまで歩いてくると少し汗ばんできた。こんなときに、言われなくても子どもたちは上着を脱いでリュックに入れる。自分の状態にあわせて脱いだり着たりすることも、「あおぞらえん」では大事にしている。エヤコンが効いた室内とは違って野外での生活が主なので、必然的にこうしたことができないとやっていけないという事情もある。

野川に出ると、そこからはそれぞれの思い通りに歩いていく。一般的には、先生が先頭になって列をつくって歩く場面だろう。その結果は、一人ひとりの子どもの興味や関心はほとんど無視されてひたすら目的地をめざすだけとなる。

子どもたちは自由に歩きはじめた。早速、空色の小さな花をつけたオオイヌノフグリの群落を見つけた子どもたちがいた。カモやカワウがいて、それに見入っている子どももいた。そうかと思うと、河川敷にどこまでもつづく早春の草原を歩くという開放感からか、ひたすら先へと走っていく子どもたちもいた。

とにかく、めいめいが好きなことをしながら歩いていく。どんどん先に行ってしまった子どもたちが心配になった私は、えみさんに「大丈夫？」と尋ねた。

「普段から、交差点に出るとか分岐点に出るとか、とにかく道の様子が変わった所に来たらそこで止まって待つことになっているので心配ない」ということだった。

歩く主人公はあくまで子どもだということで、ここでも、子ども自らが行動の主体者になるという基本的な考えが生かされていた。当然のことだが、野川沿いの道について二人の保育者が熟知していなければできないことだ。

京王線の鉄橋の下をくぐるとき、頭の上を大きな音を立てて電車が通っていった。子どもたちは、頭の上を電車が通るのが楽しくて、次の電車が来るまでそこで待っていた。

甲州街道に架かる橋の下をくぐっていった。しばらく行くと、やたらとモグラ塚が多い所に出た。初めて見た子どもも

モグラの穴発見

いて「これはなに？」と聞くので、「モグラのトンネルの出口」と教えた。「じゃあ、下に穴が開いているの」と聞くので、「そうだよ」と答えたらすぐに素手でモグラ塚を掘りはじめた。

公園で遊んでいるときにシャベルなどは持っていないのでいつも素手で掘るし、ジャガイモやサツマイモの収穫も素手でやっているので、モグラも顔負けといったところだ。しばらく掘ると人差し指を地面につっこんで、穴が開いているのを確かめて納得したようだ。

こんな具合だから、なかなか前に進まない。でも、子どもにとって歩く楽しさとはまさに道草なのだ。これがたっぷりと楽しめるのが「あおぞらえん」の遠足だ。

河原にコンクリートで造られた正方形のブロックが敷き詰められている所に出た。「年長」の子どもたちは去年の遠足のときのことを覚えていて、「板チョコだ」と言って喜んでいた。なるほど、実にうまい表現で、本当に巨大な板チョコのようだ。子どもたちは、巨大板チョコの上を歩いている気分になっている。

対岸に見知らぬ幼児たちの姿が見えた。「あおぞらえん」の子どもたちが「おはよう！」と声をかけると、その子どもたちも手を振ってこたえてくれた。この時期、暖かい日には野川の川岸は気持ちのよい所なので、近くの保育園の子どもたちもよく遊びに来ているようだ。

野川はかつて下水のように汚くなってしまったが、下水道が整備されたり、コンクリート護岸の内側に川岸となる部分を造成したこともあってきれいな川に蘇ることができた。また、上流にある新しい水源から水を流しこみ、川が干上がることもなくなった。

「年長」の晶大《あきひろ》が、川が分流して細い流れになっている所を跳び越そうとしていた。一段高い岸から中州に飛び移ろうとしているのだ。目測しているのだが、なかなか跳べない。こんな場面では、決まってえみさんが応援したり、ときには挑発したりする。えみさんが先に中州に跳び移って、そこから「跳べるわよ」と応援した。すると晶大は、勢いをつけて見事に中州に跳んだ。

ところが、「行きはよいよい帰りは怖い」と言うように、帰りは低い中州から高い岸辺に戻らなければならない。これに気がついた晶大は、はたと困った顔をしている。跳んだ所の川幅が一番狭く、ほかは広くなっていてとても跳べそうにない。川に入らないで戻る道はここしかないのだ。

さっきは跳べばいいだけの話だったが、今度は何が何でも跳ばなければ岸に帰れないということになってしまった。当

巨大チョコレート

惑している晶大のもとに、もう一度救いの神であるえみさんが下り立った。これで安心した晶大は、岸にわずかな着地点を見つけて自力で跳び、バランスが崩れそうになったところを草にしがみついて無事に帰還した。もし失敗していれば、腹ばい状態で川に落ちるところだった。

野川は街中を流れており、そのコンクリートの護岸が子どもたちにとっては冒険の場となる。三メートルほどの高さがあり、それが数段に分かれており、各段に二〇センチほどの幅の段がつけられている。子どもたちはこれを足場にして最上段まで上る。また、護岸の上部に上れる管理用のハシゴが所々にあり、それも冒険の場となる。

子どもたちは歩きながらこうした所を見つけて、ひと遊びするのがおもしろくて仕方がない。上るにも勇気がいるが、それにも増して下りるときにはもっと勇気を必要とする。足場が見つからず、下が草なので、かなりの高さから思い切って飛び下りる子どももいる。まるで、ダイナミックなアスレチックで遊んでいるようなものだ。

真桜が「ミニチョコ」を見つけた。さっきあった巨大板チョコとは違って、掌《てのひら》サイズの大きさのコンクリートブロックが斜面に埋め込まれていた。なるほど、うまいことを言うものだと感心してしまった。これが本物のチョコレートだったらどんなにすてきなことかと、子どもたちは想像したのだろう。

またまた大きな道草の発生だ。川に大きな岩がいい具合に人工的に置かれていて、岩伝いに向こう岸まで行かれるようになっていた。こんな場所が大好きな子どもたちは、早くも向こう岸に渡って走り回っている。

ここで一つのドラマがあった。その主人公は健斗だ。健斗は、用心深くて少しでも危ないとなると動くことがなかった。その健斗が、独力で岩伝いに向こう岸をめざしていた。すでに向こう岸から戻ってくる子どもがいるなかで、健斗は一人難関に挑戦していたのだ。

岩の間が開いていて、彼にとっては飛び越えるということはあまりにも危険なことだった。何度も跳ぼうとするのだがなかなかできない。さんざん迷ったあげく、思い切って身体を前に倒して両手で向こう側の岩に手をつくという作戦を決行した。これは大成功で、片足ずつ移動して見事に渡ることに成功したのだ。

岸に上った健斗は、諸手を挙げて大喜び。川渡りを自力で達成した喜び、こうした喜びこそが子どもを成長させていく原動力になるのだろう。

健斗の挑戦

遠足はまだまだつづく。奈歩実は、いつものようにお気に入りの棒や枝を拾ってリュックに差して歩いていた。すぐにその棒で遊ぶというわけではないが、きっとどこかで役に立つだろうと考えていた。こうした「お宝」を道々発見できることはすばらしい。一本の枝を見つけたとき、その枝がどんなことに役立つのかと見立てられるから拾うのである。この「見たて力」を身につけていることがすばらしい。とはいえ、奈歩実の「お宝」は少々長すぎたため、集団で行動しているときには危ないということでえみさんに見つかり、「捨てるように」と言われてしまった。

　大水が出たときに野川に流し込むための下水口が大きく開いている所があった。出口に鉄格子がはめてあってなかに入ることはできないが、暗くて大きな横穴が奥深くつづいているのが見える。その鉄格子からなかに向かって大声で叫ぶと反響し、それがおもしろくてしばらくそこで子どもたちは遊んでいた。ときどき、えみさんが聞いたら怒るような悪口も大声で叫んでいた。

　工事中の橋があり、いったん川から上がって大回りをしてまた川に戻《もと》った。すでに、時間は一二時三〇分を回っていた。「野川公園まであとどのくらいかかるの?」と因さんに聞くと、「まだずい

「お宝」を差して

ぶん先なのよ。このぶんでは行き着きそうにないわ。子どもって、お弁当を食べてすぐに動くと気持ちが悪くなることがあるのよ」と、声を低めて言った。

果たして野川公園に到着するのかどうか心配になってきたが、それでもペースは変わらない。どうやら、行ける所まで行って、そこでお弁当にして、その先どうするかを考えようということらしい。

一時をすぎて水車小屋の所に着いた。小高い所にあるのだが、子どもたちは元気に駆け上っていった。あいにくと水車は止まっていたが、手で回して弾みをつけるとゴトンゴトンと回りだした。子どもたちは珍しそうに、水車が回るのを見て大喜びだ。

ここでやっとお弁当となった。水筒が一か所に集められ、タオルを絞り、いつものようにお弁当がはじまった。手慣れたものだ。えみさんと因さんは交代で連絡帳を見ている。こんなスーパー遠足でも、いつも通り連絡帳を持って歩いていたのだ。そういえば、高尾山の山頂でも連絡帳を見ていたことを思い出した。連絡帳を、二人が日々の保育のなかでどれほど大事にしているのかがよく分かる。

前方に小さく見える森が野川公園だ。ここからは、今までのペースなら二〇分ほどで着けるという。でも、お弁当を食べてからひと休みが必要なので、どんなに早くても一時四五分の出発となる。到着してすぐにトンボ返りというのは子どもには無理だ。どうなるのかと思っていると、なんと「年長」の子どもたちだけで行くという。一時三〇分までにはこの地点に戻れると判断したようだ。

ところが、それを聞いた「年少」や「年中」の子どもたちが「いきたい！　いきたい！」と叫びだした。「急いで行くけど大丈夫なの」とえみさんが言うと、「へいき、へいき」と口をそろえて叫ぶ。そこで、方針を変えて「希望者」となった。

すぐに出発となった。三人の子どもが残ることを選んだが、あとの子どもたちはえみさんを先頭にして、それこそ風のように走って野川公園へと向かった。リュックは置いていくので身軽ということもあって、予定した時間の半分、約一〇分で野川公園に着くことができた。いやはや、たいしたものだ。

着くとアメ玉が配られて、それぞれ遊びに散っていった。巨大なケヤキの幹の周りがどのくらいあるのかと手をつなぎあって計っている子どももいれば、遊具に突進していった子どももいた。

ここでの遊び時間は一五分としていた。それが、二〇分たち、二五分たってもえみさんは帰りの号令をかけない。「えみさん、大丈夫なの？」と聞くと、「因《もと》さんに一時半までに

1時すぎのお弁当

は帰ってきてねと言われているの。叱られちゃうわ」と言いつつ、ちっとも動こうとしない。あおぞら広場ではお目にかかれないアスレチックの遊具があるので、少しでも多く遊ばせようということらしい。二時四五分、「さあ、帰るわよ」、えみさんのひと声で子どもたちはまた風のように野川の川縁を水車の所まで戻っていった。

空気も冷やっとしてきた午後三時、往路を戻ることになった。午後三時に、まだこんな所にいるのだ。幼稚園の遠足なら、とっくに解散していてもよい時刻だ。でも、子どもたちは元気いっぱいだ。活きのいい集団というものは、さらに元気を生みだす装置にもなるのだろう。

さらにこの元気を維持していくもうひとつの工夫をえみさんが仕込んだ。「朝、野川に下りた所へ戻るまでいくつの橋をくぐるかを数えてみよう。八ヶ岳合宿のときもトンネルの数を数えたよね。今度は橋よ」と、子どもたちに課題を与えたのだ。人間が何かをするとき、小さな目標となるものがあると頑張れるものだ。

一つ目の橋が見えてその下をくぐり、やがて二つ目の橋が見えてまたその下をくぐるというようにして戻っていった。子どもたちは、「これで七個目だ」などと言いあっている。

途中でオオイヌノフグリの花がすでに閉じているのを観察したり、水切り遊びをしたり、「元気の素」をもらったりしながら「なかよし広場」をめざして歩いていった。

太陽もすっかり西に傾き、川原の細道を毛糸の帽子をかぶって歩いていく幼児の一団を、護岸の上にある道を歩く人たちが不思議そうに見ている。橋の上を通りかかった見知らぬ少女が、「どこへ行ってきたの？」と欄干から声をかけてきた。子どもたちは「のがわこうえん」と答えていた。

二〇番目の橋の下をくぐり、午後四時四五分、甲州街道の橋をくぐったあと京王線の鉄橋の下をくぐると、菊野台の野川に架かる橋はもうすぐ目の前だ。あたりは、もう薄暗くなる一歩前となっていた。

川から上がって、仙川まで四〇分という所まで来た。夕日が山の端に赤い。歩道をひたすら歩くのだが、こんななかでも途中の駐車場でペンペン草の大きな株を発見し、みんなで寄ってたかってお土産としてペンペン草を取り尽くした。そして、手に手にそれを持って歩いていった。

先頭を歩いていた因《もと》さんと私の視線が同じ方向に向かっていた。その先にはラーメン屋の赤提灯がぶらさがっていた。思わず、二人で顔を見合わせて笑ってしまった。

神代団地を通り、やがてつつじヶ丘の見晴らしのよい所まで帰ってきた。丹沢の山々と富士山が夕闇に沈もうとしている。足下に広がる街の灯がきれいで、しばらく遠足最後の風景を楽しんだ。

「どこに行ってきたの？」

それから急坂を上り、薄暗くなった、お母さんたちが待つ「なかよし広場」に、ほぼ予定通りとなる午後五時四五分に戻った。出発してから約八時間、「遠足」という名にふさわしい一日だった。

お母さんたちが温かい飲み物と手づくりのクッキーを用意して待っていてくれた。お母さんたちも、我が子が長い遠足を乗り切ったことを心からうれしく思っていた。子どもたちも実は、朝出発するときは二〇キロを歩き通せるかどうか内心は心配だったのだ。子どもたちにとってこの野川遠足は、楽しみ以上に冒険であったのだろう。今、それが無事に終わり、子どもたちもひとつのことを成し遂げ、えも言われぬ気分にひたっているようだった。

そんなことを思いながらふと見ると、夕闇のなか、鉄棒で遊びはじめている子どもたちの姿があった。

元気いっぱいにゴール

がく

大人との出会いの場

「あおぞらえん」の子どもたちは、散歩に来るお年寄り、ランニングに来る大学生、車椅子に乗ってくる障害者、養護施設の人たちと、毎日公園に来るさまざまな人と出会っている。さらに、街へ出かけたときにもさまざまな出会いがある。いろいろな年齢層の大人たちとの出会いは、幼児のころから日々の暮らしのなかにあるのが一番いい。よくあるお年寄りとの「ふれあいの場」なども、そのためにわざわざ設けられた場としてではなく、遊びや日常生活のなかで自然にふれあえるのがよい。

また「あおぞらえん」では、お母さんたちが誰の子どもでも我が子と同じように受け止めている。私が「あおぞらえん」の取材をはじめたころは、てっきりその子どものお母さんと思った人がそうではなかったことが分かり、びっくりしたことがあった。

一九七〇年代中頃までは、子どもたちは地域社会のなかで遊んでいたので、そこでさまざまな大人と出会うことができた。やさしいおばさんもいれば、恐いおじさんもいた。幼児は「みそっか

す」だったが遊び集団の一員であったので（少なくても本人たちはそう思っていた）、いたずらなどをして怒鳴られたりするといっしょになって逃げたりした。そして、運わるく捕まった。

また、お使いなどに行くとお店の人との出会いもあった。酒屋のおばさん、八百屋のおじいさん、魚屋のお兄さん、肉屋のおじさんといったお店の人たちと話ができなければ、お使いもできなかった。

現在は、子ども時代にこうした地域社会の大人たちとの触れあいの機会がほとんどないので、社会人になるまでに出会える大人といえば、家族、学校の先生などごくかぎられた人たちだけのことが多い。その結果、社会に出てから多くの若者が、大人との付き合い方が分からずにとまどうことになってしまった。

飛行機おじさん

「飛行機おじさん」と子どもたちに呼ばれているおじさんは、よく広場に来て自作のグライダーを無線操縦で飛ばしている。とても研究熱心で、機体を改良しては試験飛行を繰り返している。子どもたちともすっかり顔なじみだ。子どもたちはグライダーのあとを追って走っていったりするが、決して機体に触ったりはしない。

子どもたちもおじさんには一目置いていて、微調整をしては飛ばす研究熱心なおじさんを尊敬している。子どもがグライダーについて質問すれば、ていねいに分かりやすく答えてくれるおじさんだが、自分から話しかけることはめったにない。

そんな「飛行機おじさん」に、「あおぞらえん」の子どもたちについてどのように思っているのか聞いてみた。開口一番「あの子たちは、本当に元気だ」としきりに感心していた。

「子どものころは、薄着させて寒さに慣れさせておくことが大事なことだね。何んて言ったって、

広い所で遊ばせなくてはね。ここは広くて、坂もあってとてもいい所だ。ここで遊んでいるうちに足腰が鍛えられる。子どものころに駆け回れるということはいいね。身体全体が丈夫になる。放牧しているという感じかな。勝手にさせておけば、子どもって遊ぶもんでね。先生があれこれ言わなくてもね。うちの孫は都心のマンションに住んでいて、いつも部屋のなかなんだ。外で遊ばせたくても、危なくて出せないからね。かわいそうなもんです。だから、たまにここに遊びにこさせるのだけど。それに、あおぞらの子どもたちは飛行機にもいたずらしないね。広い所で遊ばせておけば、変ないたずらなんかはしないもんさ」と話してくれた。

そして、「大人が何かに夢中になっている姿を子どもが見ているのはいいと思うね」と、遠くを見るようなまなざしでつぶやいた。

おっちゃん

「おっちゃん」の本名は誰も知らない。毎日、公園にやって来て子どもたちの遊びにちょっかいを出したり、追いかけ回したりするので子どもたちにとっては少し迷惑で、ときには少し怖くもなる。でも、それはおっちゃん流の子どものかわいがり方であることを子どもたちはよく知っている。しつこくちょっかいを出すことがあるので「止めてほしい」と子どもたちは言うのだが、おっちゃんはそれが止められない。

　いつものようにブラブラとやって来たおっちゃんに、子どもたちは自分たちがつくった「ぶんぶんゴマ」を回せるか聞いてみた。黙ってそれを受け取ったおっちゃんは、糸を指にかけると素早く巻いてから一気に糸を引いた。「ぶんぶんゴマ」が勢いよくうなりを上げて回りだした。それを見た子どもたちはすっかり感心して、いつもとは違う目でおっちゃ

んを見つめていた。さすが「昔の子ども」だ。

以前、おっちゃんが焼きイモを新聞紙にくるんでたくさん持ってきたことがあった。公園の入り口の所にいる焼きイモ屋さんからもらってきたのだと言う。焼きイモ屋さんとは友達らしく、「子どもたちに、もらってきてやった」と少し照れくさそうにひとこと言ってからぽんと置いていってしまった。おっちゃんからの思わぬプレゼントに、子どもたちは大喜びであった。

ある日のこと、智士たちが、広場の赤土の所で穴を掘っていた。「何の穴?」と聞くと、ひそひそ声で「おっちゃんの落とし穴」だと教えてくれた。おっちゃんが智士のことをよく追いかけ回すので、そのときに罠にかけるらしい。

「昔の子ども」のおっちゃんが、そうやすやすと罠にかかるかな。

儀式

毎日行われている「儀式」と言えば「お休み調べ」だ。えみさんと因《もと》さんは、保護者からの連絡でその日の欠席者についてはもちろん承知している。だから、朝一番でこの「お休み調べ」をする必要はない。朝一番からこんなことをしていては、その日の遊びの出鼻をくじくことになる。したがって、遊びがひと段落したころを見計らって、「お休み調べ」をすることにしている。だから、ときにはお昼近くなることもある。

「儀式」というものは一定の決まりによって行われる。フルネームで呼称するという決まりに従って、改めて名前を呼ぶことは子どもたちの集団への帰属意識を高めることになる。「思いおもいに遊ばせる」ことと、その遊びの母体である集団の仲間全員を意識化させることは表裏一体でなければならない。「お休み調べ」が大事な「儀式」たるゆえんでもある。

「あおぞらえん」では、その日、前に出て名前を読みあげる子どもが指名される。ときに、自分に

やらせてほしいとせがむ子どももいる。

それぞれの名前は、全員フルネームで呼ばれる。母親や父親、祖父母が来ているときはその名前もフルネームで呼ばれる。私も「あおぞらえん」に通いだしてからしばらくして、「みやはらよういちさん」と呼ばれるようになった。

当然、なかにはフルネームで呼ぶことがなかなかできないで、途切れとぎれになってしまうこともある。そんなときも、ゆっくりと思い出すまで待っていてくれる。どうしても言えないときは助け船を出してくれるが、イライラすることもなくみんな待っていてくれる。だから、指名された子どもも安心して前に立つことができる。

このゆったりとした時の流れは「あおぞらえん」の日々に満ちており、「早くして」という言葉が無縁の、毎日の「儀式」である。

ザリガニ捕り

棒の先に結び付けた糸にスルメを結びつけ、それをザリガニのいそうな所に垂らしてハサミに挟ませるというのがザリガニ捕りの定番だ。それ以外にも、巣穴のなかに手をつっこんで捕ったり、動きを見澄まして素手でつかみ捕ったりもする。私が子どものころはスルメが手に入らなかったので、まずつかまえやすい小さなザリガニを捕って、その尻尾を折りとって皮をむき、糸に結びつけて代用していた。

ザリガニ捕りも魚捕りも、生きいきと子どもの五感を活動させる。ゲーム機で遊ぶのとは大違いで、五感のアンテナを敏感に働かせていなければ獲物はつかまらない。足の裏の感触で川底の様子を知ったり、すばしっこく動くザリガニの動きを読んで先回りしたりと、感覚も身体も活発に働くことになる。捕りたい一心で巣穴に手を突っこみ、指先をハサミ

で挟まれて痛い目にあうこともある。でも、すべてが子どもたちにとってまたとない経験となる。

こんなザリガニ捕りも、多くの伝承的な遊びとともにすたれてしまうという瀬戸際にある。何と言っても、身近な所にザリガニが棲む池や小川がなくなってしまったことがその主な原因である。また、虫や魚を捕って遊ぶという、昔から伝承されてきた子どもの文化が失われようとしていることもあろう。だから、夏のセミ捕りもあまり見かけなくなってしまった。公園でセミ捕りをしているのはおじいさんやお父さんで、子どもはそばで見ているだけだ。

幸い、祖師谷公園にはザリガニがいる水場があって、「あおぞらえん」では今でも子どもたちがザリガニ捕りを楽しんでいる。スルメを使ったり、素手でつかみ捕る技も、子どもたちの間で伝えられている。

紐編み

毎年三月になると、「年長」の子どもたちは縄跳び紐を編む。長さ四メートル、幅一五センチほどに引き裂かれた、色とりどりの細い布がたくさん用意される。この布を各自三本選び、三つ編みの要領で長い紐に編みあげていく。そのために、二月ごろから縄跳び用のロープを使って三つ編み遊びをしている。この遊びで、三つ編みに必要な手の動きをしっかりと会得していくのだ。

ここでも力を発揮するのが、やはり集中力だ。この力は、外から与えられたものではなく、自らの意志でたっぷりと遊ぶことによって自然に身についたものだ。

登園すると、「年長」の子どもたちは思いおもいの場所にどっかりと腰を下ろして紐編みに精を出しはじめた。「年長」の子どもたちが編みはじめると、「年中」や「年少」の子どもたちが周りに座って見

ている。「年長」になるとできると思って、とても熱心に「年長」の子どもたちの手の動きを見ている。紐の片方を持って助手を務める子どももいる。わざわざ足を止めて、子どもの手先を見てしきりに感心する通りがかりの人もいる。こうした「見物人」たちは、「年長」の子どもたちのプライドを大いに高めることだろう。

二、三日かけて編みあげると、早速、その紐を使ってみんなで縄跳びをして遊びだした。また、色とりどりの紐を同じ間隔に並べて、ケンケンで跨ぎ越して遊ぶこともある。

こうして何日か遊んだあとで紐はいったん仕舞われ、再登場するのは卒園式の会場だ。式のなかで、卒園生一人ひとりが、自分の編んだ紐を使ってみんなの前で縄跳びの腕前を披露することになるのだ。

卒園・進級式

今年も、卒園・進級式は祖師谷公園と道を隔ててある「祖師谷国際交流会館」のホールを借りて行われた。男の子たちはブレザーにネクタイ姿だし、女の子たちもそれぞれおしゃれをしている。いつもとは大ちがいだ。

会場の正面には、お母さんたちがつくった「おめでとう」の横断幕が掲げられ、心づくしの花籠が飾られている。テーブルと椅子を組みあわせてつくった卒園生が乗る「ひな壇」もあるが、いたってシンプルなものだ。特筆に値するのは、窓際のテーブルの上に置かれているアルバムの数だ。入園してから卒園に至るまで、因《もと》さんとえみさんが一人ひとりの子どもの姿を撮ってきた写真がコメントとともに貼られていて、その冊数は一人当たり七冊から九冊に及んでいる。えみさんは、毎年その貼りこみ作業のために腱鞘炎になるほどだ。

司会をするのは、今年も卒園生の浅津太郎さんと合宿に助っ人として参加した保育士の山口冬香さんだ。手短なお祝いの言葉が終わると一人ひとりに卒園証書が手わたされた。証書には在園中の思い出に残る出来事が書かれており、それらが読みあげられた。

失敗したときのことも書かれており、卒園式でも「きれいごとでは済まさない」というのも「あおぞらえん」流と言える。そのあとで卒園生一人ひとりが自分たちで編みあげたあの「縄跳び紐」を使って前回りで跳んでみせた。うまく跳べなくてもいじけることもなく一生懸命に跳んでいる姿が印象的だった。そのあとで、お父さんたちも子どもが使った縄跳び紐を何本も結びつけてつくった長縄で子どもたちの前で本気で跳んでみせた。

式が終わり、お母さんたちが持ち寄ったごちそうで祝賀会がはじまった。祖父母も交えて、和気あいあいの会となった。それは、「あおぞらえん」の保育が家庭とともにあることをよく物語っていた。ある連絡帳の最後のページに、

「たっぷりと自然の中に漬け込まれた子どもに仕上がりました。草や木や花や変わりゆく季節を肌で吸い取ってこんなに大きくなりました」

と、書かれていた。

自分で編みあげた紐で

お父さんも跳んだ

おわりに

毎年、夏休みに入るとすぐに卒園生の合宿が神奈川県の相模湖にある「みの石滝キャンプ場」で行われる。小学校一年生から中学校二年生までの子どもたち三〇名前後が参加している。スタッフは、因《もと》さんとえみさん、それに卒園生の大学生が二名。「かっぱの会」と言い、まさにその名の通りの合宿だ。

キャンプ場のご主人が、「かっぱの会」を評して「天気に関係ない人たち」と話してくれた。つまり、晴れようが雨が降ろうが、カッパのように遊び回っているというのだ。

小川に沿って上がっていくと子どもたちの声が聞こえだした。見ると、三メートルほどの高さがある堰堤の上に子どもたちがいて、滝壺に飛び降りて遊んでいた。ひとりの小学生が一歩前に出て、両腕を前に突きだし腰を低くして飛び降りようとしているのだが、決

●みの石滝キャンプ場

神奈川県相模原市相模湖町にあるキャンプ場で相模湖では一番大きな入り江の奥にあり、交通手段は船だけの離島のような所である。周りは山に囲まれ、小川、滝、森と自然の中にどっぷりと漬かることができる素朴なキャンプ場。歴史は古く、開園してから半世紀ほどになるという。バンガローや野外炊事のための施設も整っており、入り江ではカヌースクールが開かれている。電話(042)685-0330

心がつかずにうしろに下がってしまった。同じことを五回も六回も繰り返しているが、順番を待っている子どもたちは励ましこそすれ、冷やかしたりせかしたりはしない。「できるまで待つ」という、「あおぞらえん」時代からのやり方が身についているのだろう。そして、そのときは突然やって来た。熟した果物が木から落ちるようにして飛び降りたのだ。それを見た子どもたちは、滝壺に無事立った「勇者」に拍手喝采をした。

このドラマとはまったく無関係に、ひとり川のなかにしゃがんで小石を積んでダムをつくっている子どもがいたり、堰堤の脇から流れでている小川の流れを変えようと堤防をつくっている子どもたちもいる。それぞれが、自由に自分の遊びを楽しんでいる。遊びだけではなく、たとえば昼食の準備がはじまると焼きそばに入れる野菜を切りたいという子どもたちが集まり、中学生はできた焼きそばを皿に盛るというように、手際よく分担しながら率先して働いている。

食べ終わると、各自で皿を洗う。私も蛇口で皿を洗っていたら子どもに注意されてしまった。洗剤の入ったボール、洗剤を落とすためのボール、すすぎ洗いのボールと三つあって、順番に洗っていくそうだ。そういえば、「あおぞらえん」の合宿でもこうした無駄のない手順がきちんとされていた。

皿洗いが終わるとまた遊びはじめた。ナナフシを見つけた子どもがおり、みんなでしげしげと観察していた。身の周りで何かを見つけて楽しむという習慣は健在だった。飽きもせずに川で遊びはじめる子どもがいたり、キャビンに入ってひと休みしている子どもたちもいて、それぞれ好きなようにして過ごしていた。

八ヶ岳の合宿に遊びに来た二期生の五人の先輩たちと話す機会があった。その五人は、都市計画専攻の大学院生、高校の体育教員、アメリカに留学したあと現在は商社で働いている会社員、囲碁のインストラクター、大学を卒業したあとデザインの専門学校に通っている学生と、それぞれ個性的な人生を歩んでいる若者たちだった。

彼らの幼稚園時代について尋ねてみると、はるか過去のことであまり鮮明には記憶をしていなかった。たぶん、幼児期の生活で身につけたものはまさに自分自身になってしまっているので、改めて言葉にするとなると戸惑ってしまうのだろう。でも、そう問われて改めて考えてみると、商社員の小島よもぎさんが、「路傍の草花に自然と目がいってしまったり、木登りができたり、率先して自分の考えで行動する自らを見ると、そのルーツが幼稚園時代にあったと思う」と語った。また大学院生の市原拓さんは、「今思うと、自分たちでやりたいようにやって、自分たちを教育していた」と言っていた。まさに、遊びが内包する自己教育力について言いあてている。

体育教員の山田まゆみさんは、高校生と毎日接しながら、静かに話を聞くなどといった基本的なことができていない生徒が多いと感じていた。「あおぞらえん」では、「静かにしなさい」というような言葉はめったに聞かれない。遊びきっている子どもは、静かに人の話が聞けるのだ。やがてそれが習慣化し、行動の仕方として定着していく。

囲碁のインストラクターをしている新垣未希さんは、もちろん囲碁教室に通ってくる小学生たちが上達することも必要だが、それにも増して、学校では見つけられない自分を見つけてほしいと願っていた。彼女がそう考えるようになったルーツを尋ねてみると、やはり「あおぞらえん」での日々にあった、と言っていた。

デザイナー志望の浅津太郎さんは学童保育でアルバイトをしているが、「安全が何より大事で、あれもだめ、これもだめで、子どもたちは遊びの命である自由が大きく失われている」と言う。そして、次のようにつづけた。

「子どもたちは小さな失敗をいろいろ繰り返しながら自分の身は自分で守れるようになるし、あらかじめ禁止してしまうのではなく、子どもの遊びを保障し、大きな事故にならないように目配りすることが指導員の役割だと思う」

「かっぱの会」の小中学生の様子を見ても、合宿で出会った先輩たちの物の見方、考え方を見ても、きわめてすばらしい育ち方をしていると思った。「先輩」たちが改めて自らの「あおぞらえん」を振り返って見たとき、自らの人間性の根底において彼らが過ごした幼児期のあり方が大きく影響しており、その核心が仲間との「外遊び」にあったことを再認識したことだろう。

朝から好きな遊びをはじめる「あおぞらえん」の子どもたちは、六泊七日の合宿をはじめとして本書で紹介してきたような生活を日々送っている。スウェーデンの保育園「森のムッレ教室」は、森という自然のなかで保育をする保育園だが、そのなかで遊ぶ子どもの心身の発達にはめざましいものがあるという。自然のなかで保育することによって獲得される健康、運動神経の発達、集中力などが、子どもたちの発達にとっていかに大事であるかは経験的に分かっていたが、最近になってスウェーデン農業大学のパトリック・グラーン博士らの研究によってこのことが科学的に実証されたという（『幼児のための環境教育――スウェーデンからの贈り物「森のムッレ教室」』岡部翠編、新評論、二〇〇七年）

森は理想的な自然環境だが、都会では望むべくもない。でも「あおぞらえん」は、住宅地の真ん中にある公園をベースにして外遊びを基底とした保育をしている。では、「自然」というとき、外遊びの環境として何がミニマムエッセンシャルなのだろうか。「あおぞらえん」のケースから見てみると、それらは、穴掘りなどもできる広い地べたや草原、自由に使える水、複数の木（登れる木も必要）、遊びの素材となるようなもの（たとえば、棒切れ、草花、石、廃材など）があればよいことが分かる。これらに加えて、池などの水場があれば理想的だ。

物理的な環境に加えて人的な環境も必要だ。「あおぞらえん」では、二人の保育者がその役割を担っている。二人は幼稚園教諭の資格をもった幼児教育の専門家だが、でもそれだけでは「あおぞらえん」のような所では務まらない。何と言っても、地域の環境について精通していることが求められる。祖師谷公園についてはもちろんのこと、地域にあるそのほかの公園、街そのもの、そのほか保育に利用できる施設、地域の自然（生き物、植物など）についての知見などを長年にわたって蓄積してきた。まさに、街のなかで保育活動を展開していくノウハウの蓄積があっての日々なのだ。こうした人的な環境のもとに、子どもたちの外遊びが展開している。

「三つ子の魂百まで」と言われるが、その「魂」は仲間との外遊びのなかで育まれると言っても過言ではないだろう。今から四〇年ほど前までは、子どもたちは原っぱや空き地、路地で仲間と遊んでいた。そこで、ものの見方、感じ方、考え方など、実にさまざまなことを身につけていた。このことに関しては、拙著『もうひとつの学校――ここに子どもの声がする』（新評論、二〇〇六年）において当時の多くの写真とともに紹介しているので参照していただきたい。

卒園生たちの姿を見て、「あおぞらえん」で過ごした日々はそれぞれの人生のなかで生涯にわたって生きつづけていくにちがいないと思った。幼児期に身に染みたものは地下水のようになって人の内面を流れ、やがてその人の物の見方や感じ方、そして考え方をつくりだしていく源泉となる。二〇年後、三〇年後、そしてやがて年老いたときに再びその流れが地表に現れるにちがいない。

一人の母親の願いに心を動かされた二人の気持ちで「無謀にも」はじめた「あおぞらえん」だが、創設二二年目を迎えた現在、卒園生は三〇〇名を超えている。「あおぞらえん」は、いまや卒園生や家族にとってかけがえのない「母港」ともなっている。また、口コミなどで「あおぞらえん」の保育を知り、毎年少数だが入園を希望する人たちが後を絶たない。

阿吽の呼吸で保育をしてきた二人だが、これからも「あおぞらえん」の灯火を掲げつづけるためには、若い力にも加わってほしいと思っている。本書を読んでここでの保育に興味をもたれた方は、是非一度、「あおぞらえん」に遊びに来て欲しい、とも言っていた。

最後になるが、いつも変わらぬオープンマインドで私を受け入れてくださった「あおぞらえん」の空橋因さん、長沢えみ子さん、保護者の方々、そして何よりも子どもたちに感謝します。また、本書の企画段階から助言や励ましをいただきました株式会社新評論の武市一幸氏にお礼を申し上げます。

二〇〇九年六月

宮原洋一

●あおぞらえん

〒157-0065
東京都世田谷区上祖師谷4－6－15
サニーハイツ101
あおぞらえん
TEL　03-3326-5359
Eメール　emiko-aozora@ezweb.ne.jp

著者紹介

宮原　洋一（みやはら・よういち）

1941年生まれ。

私立桐朋学園初等部に37年間勤務して初等教育に携わり、現在フリーの写真家。

その間、街のなかの子どもたちを撮り続け、『教育の森』誌（毎日新聞社）に巻頭グラビアを連載するなど新聞、雑誌などに発表。

また、フジフォトサロン、東京都児童会館などで個展を開く。

著書に写真集『子供の風景』（串田孫一氏共著）、『子どもを原点とする教育』（桐朋学園初等部ブックレット）、『もうひとつの学校』（新評論、2006年）があり、2006年９月より『エデュカーレ』誌（臨床育児保育研究会）で「街が園舎・あおぞらえんの子どもたち」を連載。

カモシカ脚の子どもたち
――「あおぞらえん」からのメッセージ――　（検印廃止）

2009年７月31日　初版第１刷発行

文・写真　宮原洋一

発行者　武市一幸

発行所　株式会社　新評論

〒169-0051　東京都新宿区西早稲田３-16-28
http://www.shinhyoron.co.jp

電話　03（3202）7391
FAX　03（3202）5832
振替・00160-1-113487

定価はカバーに表示してあります。

落丁・乱丁はお取り替えします。

印刷　フォレスト
装幀　山田英春
製本　桂川製本

Printed in Japan
ISBN4-7948-0810-3

宮原洋一
（写真・文）

もうひとつの学校

ここに子どもの声がする

昭和40年代半ばの「あそび」の世界を
あざやかにうつしとった写真と文から、
“創造と学びの原点”が見えてくる。

［A5並製　228頁　税込定価2100円　ISBN4-7948-0713-9］

▶▶▶汐見稔幸氏すいせん

子どもたちを巡る事件があとを絶たない。親と子の間にさえ、緊張した関係が広がりつつある。どうしてこんなことになったのか。家庭が悪いのか学校がだめなのか。本書は、その背後に何があるのかを、実にリアルに説得力をもって語ってくれている。